DUMONT
DIREKT

Frankfurt

Susanne Asal

Inhalt

Das Beste zu Beginn
S. 4

Das ist Frankfurt
S. 6

Frankfurt in Zahlen
S. 8

Was ist wo?
S. 10

Augenblicke
Tanz die Kulturen!
S. 12
Im Ausland beliebt
S. 14
Die andere Seite der Stadt
S. 16

Ihr Frankfurt-Kompass
15 Wege zum direkten Eintauchen in die Stadt
S. 18

1 Frankfurts ›Gudd Stubb‹ – **auf dem Römerberg**
S. 20

2 Stil-Potpourri – **in der Altstadt**
S. 24

3 Lustiger essen – **die Kleinmarkthalle**
S. 28

4 Glitzert so schön – **die Skyline**
S. 31

5 Wer hat Lust auf Vielfalt? – **Das Bahnhofsviertel**
S. 35

6 Von Mayer Rothschild bis Bubis – **Juden in Frankfurt**
S. 40

7 Sehen, flanieren, leben – **am Main hibbdebach**
S. 44

8 Prächtige Ansichten – **das Museumsufer**
S. 47

9 Die Spitze des Bilderbergs – **das Städel**
S. 51

10 Klamotten, Kneipen, Wald, Goethe – **Sachsenhausen**
S. 54

11 Arm und Geld als Nachbarn – **das Ostend**
S. 58

12 Szeniges und adliges Grün – **das Nordend**
S. 63

13 Großbürgers Glückseligkeit – **das Westend**
S. 67

14 Wir lieben die Eule im Norwegerpulli – **im GrünGürtel**
S. 71

15 Die Überraschung am Main – **Höchst**
S. 74

Frankfurts Museumslandschaft
S. 78

Zeitgeschehen
S. 81

Pause. Einfach mal abschalten
S. 84

In fremden Betten
S. 86

Satt & glücklich
S. 90

Stöbern & entdecken
S. 98

Wenn die Nacht beginnt
S. 104

Hin & weg
S. 110

O-Ton Frankfurt
S. 114

Register
S. 115

Abbildungsnachweis/Impressum
S. 119

Kennen Sie die?
S. 120

Das Beste zu Beginn

Frühstück bei Tiffany? Geht!
Wenn man schon flanieren möchte, dann doch in der **Goethestraße,** wo die ganzen Luxusmarken versammelt sind und Tiffany natürlich auch. Gerne mit Kaffeebecher (die Recyclingvariante wählen), Sandwich und Sonnenbrille. Vergessen Sie die Zeil!

Fluss hilft immer
Suchen Sie das Flussufer auf, wenn Sie in Besichtigungsstress geraten. Nirgendwo ist es friedlicher, meditativer, erholsamer als dort, auch wenn das Tausend Jogger und Radfahrer auch finden. Einfach **vom Eisernen Steg zur Gerbermühle** laufen (dauert 20 Min.), einen Apfelwein trinken und wieder zurück – und schon kann's weitergehen.

Schwarzweiß wie Schnee
Die Eintracht hat die besten Fans der Welt, sie machen die **beeindruckendsten Choreographien** meist ohne Pyrotechnik, nur mit Fähnchen, Papier und Farbe. Und überhaupt: Im Stadion zu sein, das ist wie Theater. Dauert leider nur anderthalb Stunden (ohne Pause).

Gartenstädte
Wollen Sie sehen, wo und wie politischer Willen Wohnraum schafft und Wohnen nicht zum Spekulationsobjekt verkommt? Auf in die vielen Gartenstädte! Frankfurt hat da Einiges und vor allem auch **Weltbewegendes** zu bieten. Zeilsheim, Zeppelinheim, Römerstadt, Am Riederwald – ein toller Kontrast zur Skyline. Und wussten Sie, dass die erste Einbauküche der Welt aus Frankfurt war?

Also ehrlich …
Wenn ich nur ein Museum in Frankfurt besuchen könnte, ich würde das **Museum für Moderne Kunst** wählen – es ist federleicht komponiert, das überraschendste, aufgeschlossenste und unterhaltsamste. Und das stellt man sich bei einem Museum für Moderne Kunst so gar nicht vor.

Über die Dörfer ziehen

Durch **Bornheim, Bockenheim** und **Sachsenhausen** flanieren, die üblichen Sehenswürdigkeiten mal beiseite lassen und in den Alltag eintauchen! Und immer mal wieder in eines der verführerischen kleinen Cafés und in die Boutiquen und Designshops verschwinden.

Integrieren wir uns selbst

Hinein in die Hinterhöfe der **Münchener Straße,** die oft feucht sind vom Eis der tiefgefrorenen Fische, so bunt vom Obst und den Trockenfrüchten, wo man in gefühlten hundert verschiedenen Packungen Datteln bekommen kann mit aufgemalten Kamelen oder tausenderlei Tee – das ist Morgenland at its best. Toll sind auch **Bounour's Salon du Thé et Patisserie Oriental** in Höchst, die **MokkaTeeria** in Bornheim oder der **Basar Kabul** in der Weserstraße.

Wirklich und authentisch

Wahrscheinlich werden Sie nur die Hälfte der Sprachen verstehen, wenn Sie über den **Flohmarkt in der Lindleystraße** streifen, aber keine Angst: Das geht der Hälfte der Frankfurter genauso.

Ein letztes Fundstück

Im **Goethemuseum** gibt's marmorne Dichterbüsten, und sie zu haben oder zu verschenken kündet von milder Selbstironie. Der kleine Goethe als Ganzkörperpuppe mit Schreibfeder in der Hand ist auch sehr niedlich!

Ich liebe Paternoster, die 1950er-Jahre Architektur mit ihren goldenen Mosaiksteinchen und schwarzen Glasfassaden. Ich finde das Junior-Haus an der Friedensstraße einfach hinreißend und gegenüber die feine Sommerterrasse des Frankfurter Hofs. Dort nehme ich einen Aperitif und harre der Dinge, die hoffentlich kommen mögen.

Fragen? Erfahrungen? Ideen?

Ich freue mich auf Post.

@ *Mein Postfach bei DuMont:*
asal@dumontreise.de

Das ist Frankfurt!

Worauf wir in Frankfurt besonders stolz sind? Auf die drei »I«: Internationalität, Infrastruktur, Innovation. Frankfurt ist da Klassenprimus: An keiner anderen Universität studieren so viele ausländische Studenten, in keiner anderen Stadt leben so viele Menschen mit ausländischen Wurzeln. Keine andere Stadt ist so leicht erreichbar: Flughafen, Bahnhof – die Tore zur Welt stehen weit offen. In keiner anderen Stadt haben Banken, Handel und Messe eine so lange Tradition. In Sachen Globalisierung liegt Frankfurt also ganz vorn und ist für die Zukunft bestens gerüstet. Nur eines wird Frankfurt immer abgesprochen: Atmosphäre. Ganz klar zu Unrecht. Hinter der silbern schimmernden Außenhaut, die ja auch ziemlich schön ist, versteckt sich ein Flickenteppich aus Dörfchen, Stadtteilen, Szenevierteln und jeder Menge Grün. Auf Stadtteilfesten wird schon mal der Ochsenkarren durchs Dorf gezogen, gleichzeitig sind die Kulturmeilen und -tempel die kreativsten und avantgardistischsten in ganz Deutschland. Und so hat 2017 die Städelschülerin Anne Imhof den Goldenen Löwen der Kunst-Biennale in Venedig gewonnen.
In den Straßen sieht man garantiert mehr Kaftane und Kopftücher als Pelze.180 verschiedene Nationalitäten leben hier, und jede findet in Frankfurt ein Stück Heimat wieder: in türkischen Domino-Cafés, indischen Lebensmittelgeschäften, spanischen Kitas und japanischen Schulen, orthodoxen Kirchen, polnischen Metzgereien, im Kosmetikshop für Dunkelhäutige oder im English Theatre. In ihren Restaurants kochen Einwanderer ihre eigenen Rezepte. Man muss nur die richtigen Speisekarten verlangen, dann bekommt man garantiert kein Chop Suey.
Eine richtige Metropole – und das ist Frankfurt ohne Frage – ist nie aus einem Guss. Das zu leugnen und die Kontraste aufzulösen, wäre verschenkt: der Glitzerturm der EZB etwa und ein paar Schritte weiter der windige Flohmarkt auf der Lindleystraße im Ostend, der von Händlern aus Russland, der Ukraine und Bulgarien beschickt wird, oder Stadtteile wie das Gallus mit über 80 % Ausländeranteil in den Schulen und die sauber gefegte Puppenstubenästhetik in der Ostzeil oder die innovativen Gartenstädte vom Beginn des 20. Jh., entworfen von den Avantgarde-Größen der Architektur, und Ebbelwoi-Seligkeit.

Aufbruchbereit

Mein Lieblingsplatz ist die Gegend um Dom und Fahrgasse. Sie spiegelt am präzisesten den Aufbruchsgeist Frankfurts nach der Zerstörung im Zweiten Weltkrieg. Die schönste und größte Fachwerk-Innenstadt Deutschlands lag damals in Schutt und Asche, doch keiner wollte ihr so richtig auf die Beine helfen. In den 1960er-Jahren liebte man Fassaden aus gebogenem schwarzem Glas, Fassadenschmuck aus schillernden Mosaiksteinchen als ultimativen Luxus. Irgendwie denkt man sofort an Nitribitt, Mercedes-Coupé und Lufthansa-Cocktail. Und an frischen Wind. Der jetzt auch wieder herrscht.
Und das war das Leitmotiv für Frankfurt seit jeher: Wer wusste im Jahr

Entschleunigst empfohlen: Treffen am Fluss mit Blick auf die früheste Frankfurter Skyline mit Dom, Rententurm und Nikolaikirche

1442 schon, wo Nischni Nowgorod liegt? In Frankfurt wusste man das. Seit 1240, als Kaiser Friedrich II. Frankfurt das Recht zugesprochen hatte, Markt und Messen auszutragen, war das so. Von Antwerpen und Amsterdam bis nach Rom und Sankt Petersburg und Nischni Nowgorod reisten die Händler. Jährlich wurden die Frühjahrs- und die Herbstmesse ausgerichtet, auf denen Leder, Seide, Stoffe, Juwelen, Gold, Silber, Münzen und Tuche gehandelt wurden. Ab 1485 kamen dann auch Bücher als Handelsgüter hinzu. Wegen der zahlreichen unterschiedlichen Währungen, die in Frankfurt zur Messezeit kursierten, wurde 1585 die Börse gegründet. Aufbruch heute: Eine Angstliebe geht um seit dem Brexit. In welche Richtung wird sich Frankfurt entwickeln? Werden Banken- und Wohntürme die Silhouette bestimmen? Nun, die Silhouette vielleicht, aber niemals das aufgeschlossene multikulturelle offene Herz.

Unsere Bürger

Sie möchten das Städel besuchen, ein Konzert in der Alten Oper? Wussten Sie, dass sich diese Kulturtempel Stiftungen, also bürgerlichem Engagement, verdanken? Das finanzielle Bemühen Frankfurter Bürger um das kulturelle Leben ihrer Stadt hat eine lange Tradition, besonders auch eine jüdische. In der Zeit von Amschel Mayer Rothschild (1744–1812) gab es 400 jüdische Stiftungen, davon gingen 37 auf seine Familie zurück. Doch begonnen hatte alles mit Wicker Frosch 1246, dessen Konterfei Sie in der von ihm gestifteten Katharinenkirche bewundern können. Später schenkte der in Frankfurt geborene Hofkaplan des Kaisers Karl V. und reiche Erbe der Stadt zusätzlich noch das Hospital zum Heiligen Geist, das es immer noch gibt.

Frankfurt in Zahlen

2,01
Meter beträgt die Arm-Spannweite vom Olympiasieger im Schwimmen, Michael Groß, den man auch »Albatros« nannte.

3,70
Meter ist der höchste schiffbare Wasserstand des Mains bei Frankfurt.

7
Kräuter müssen in die Grie Soß – und Thymian ist es auf gar keinen Fall.

11,1
Grad beträgt die jährliche Durchschnittstemperatur, aber es gab auch schon Hitzewellen mit über 38 Grad.

15
Wasserspielplätze gibt es in Frankfurt.

15,1
Prozent des Stadtgebiets sind Wald.

23–5
Ein stetiger Streitpunkt in der Stadt ist das Nachtflugverbot von 23 bis 5 Uhr.

41
Jahre sind die Frankfurter im Durchschnitt alt.

44
Neubürger kommen im Durchnitt täglich hinzu.

52

Prozent der Stadtflächen sind Grün.

54,4

Prozent aller Frankfurter Wohnungen sind Ein-Personen-Haushalte.

57

Mal wurde bis 2017 der Friedenspreis des Deutschen Buchhandels verliehen.

337,5

Meter misst der Europa-Turm, im Volksmund »Ginnheimer Spargel« genannt. Damit ist er das höchste Gebäude in Frankfurt und auf Bundesebene das zweithöchste: Nur der Berliner Fernsehturm ist mit 368 Metern ein bisschen höher.

532

Jahre war es 2017 her, dass zum ersten Mal auf der Frankfurter Messe Bücher gehandelt wurden.

197 044

Mitglieder zählen die Sportvereine Frankfurts.

5 203 388

Gäste zählte Frankfurt im Jahr 2016, ein Plus von 1,9 Prozent gegenüber 2015.

13 190 567

Über diese kolossale Zahl an Medien verfügte 2017 die Deutsche Nationalbibliothek.

1758,4

Stunden scheint durchschnittlich die Sonne im Jahr.

Was ist wo?

Eintracht, Messe, Banken, Würstchen, Goethe und was einem sonst noch zu Frankfurt einfällt, eines ist sicher: Die ›kleinste Metropole der Welt‹ ist tatsächlich ziemlich klein! Orientierung ist kaum ein Problem. Da gibt es eine Mitte, und drumherum liegt der Rest. Der Main ordnet sie in Norden und Süden, der grüne Anlagenring umgürtet die City, und südlich des Mains liegt Sachsenhausen.

Der Ring zeichnet den Verlauf der ehemaligen und mehrmals erweiterten Stadtmauer nach, die zu Goethes Lebzeiten geschleift und an deren Stelle Bürgerparks angelegt wurden. Diese Parks gibt es noch heute, allerdings gesäumt von einer dicht befahrenen Verkehrsader. Jenseits des Anlagenrings breiten sich im Schatten der Hochhaustürme die bunten Teppiche der Stadtviertel aus.

Historisches Zentrum

Das Mobiliar der sogenannten Gut Stubb auf dem Römerberg wurde nach den Zerstörungen des Zweiten Weltkriegs im historischen Kolorit wiederaufgebaut: **Kaiserdom, Römer, Alte Nikolaikirche, Archäologischer Park** und **Historisches Museum** (🕮 Karte 2, F 6). In direkter Nachbarschaft befindet sich die **Paulskirche** (🕮 Karte 2, F 6), das bedeutsamste Symbol der deutschen Demokratie. Das weitere Umfeld leuchtet in einem bunten, leicht irritierenden Mix aus Historie, Baustellen und 1950er- bis 1980er-Jahre-Architektur. Die völlig zerstörte **Ostzeil** (🕮 Karte 2, F 6) wurde in den 1980er-Jahren neu konzipiert und ihrem historischen Vorbild nachempfunden. Und jetzt nimmt die neue Altstadt Formen an, historisierend, schön und begehrt – und nach den neuesten Prinzipien der Nachhaltigkeit geschaffen. Schlägt man den Radius ein bisschen weiter, trifft man auf Museen, die Frankfurt den Ruf eingebracht haben, die qualitätsvollsten Häuser für zeitgenössische und moderne Kunst zu haben: **Schirn Kunsthalle** (🕮 Karte 2, G 6), **Kunstverein** (🕮 Karte 2, F 6) und das **Museum für Moderne Kunst** (🕮 Karte 2, G 5).

Mainufer

Wir haben Glück! Das 15 km lange Mainufer ist als Flaniermeile konzipiert. In der Nacht glitzert die Skyline besonders aufregend, tagsüber kann man die Wärme des **Nizza** (🕮 Karte 2, F 6) genießen, auf der Wiese ein Picknick auspacken, im Sommer Theaterfestivals genießen oder in Strandbars entspannen. Den Höhepunkt bildet das **Museumsufer** (🕮 E–G 6/7) in Sachsenhausen. Ein tolles, meist auch toll gebautes Ausstellungshaus reiht sich hier an das nächste, viele in neu gestalteten Gründerzeitvillen untergebracht. Und haben fast alle Cafébars, kleine Restaurants. Das ist Kultur für alle, überzeugend in Szene gesetzt.

Zwischen Bahnhof und Alter Oper

Gegensätzlicher könnten die Viertel nicht sein: das **Bahnhofs-** (🕮 Karte 2, D/E 6) und das **Bankenviertel** (🕮 Karte 2, D/E 5/6), eng benachbart und miteinander verschränkt. Hier der nicht immer lupenreine Eingang zur Stadt, auch ein Ort der Drogensucht und der Prostitution, aber vor allem der Ankunftssalon und Heimat von Menschen aus 180 verschiedenen Nationen, dort der Bankenluxus pur. Langsam allerdings ist eine Verdrängung zu beklagen. Denn Banken und Unternehmen wachsen immer weiter hinein in das Bahnhofsviertel.

Westend

Zwischen **Alter Oper** (🗺 Karte 2, E 4) und **Bockenheimer Warte** (🗺 C 4) darf das Auge in Schönheit baden. Im 19. Jh. entstanden hier großbürgerliche Villen und üppige Parks. Besonders der nördliche Teil um **Campus Westend, Palmengarten** und **Grüneburgpark** (🗺 C–E 3) ist immer noch idyllisch, der südlichere zerrissener: Hier wachsen silberne Wolkenkratzer in den Himmel. Klassisches Highlight: das **Senckenberg Naturmuseum** (🗺 C 4/5).

Nordend

Gab es in den 1980er-Jahren mehr Anti-AKW-Sticker auf den Wagen als Gardinen an den Fenstern, galten die sanierungsbedürftigen, aber prächtigen Stadthäuser als Hochburgen für Wohngemeinschaften, Frauenzentren, Kinderläden und alternative Cafés, hat das Nordend (🗺 F/G 2–4) mittlerweile die Metamorphose zum bevorzugten Wohnort der nun etablierten Grünen vollzogen. Die Rauheit ist dahin. Was blieb, ist ein super Viertel zum Ausgehen und Einkaufen.

Ostend

Seit die Glastürme der **Europäischen Zentralbank** (EZB; 🗺 J 6) in den Himmel wachsen, ist im ehemaligen Arbeiterviertel nichts mehr, wie es war. War es vorher ein Lieblingsort für alternative Kreative, die den ruppigen Charme der Industriearchitektur entlang der **Hanauer Landstraße** (🗺 H–M 4/5) genossen, strebt es jetzt Richtung Mainstream. Und die Leute, die von der ruhigen Schönheit der gutbürgerlichen, aber nicht mehr taufrischen Wohnviertel um den Zoologischen Garten angezogen wurden, fürchten um ihre Mieten.

Sachsenhausen

Das Quartier (🗺 D–H 6–8) ist eine Welt für sich. Das in den 1990er-Jahren geschaffene Florentinische Viertel steht neben dem Apfelweinviertel, die hippe **Brückenstraße** mit Design- und Modeläden neben der eleganten **Schweizer Straße** – beide Dorados für Flaneure. Die schönen Ausflugslokale am Main wetteifern mit Museen und historischen Bauten um die Besuchergunst.

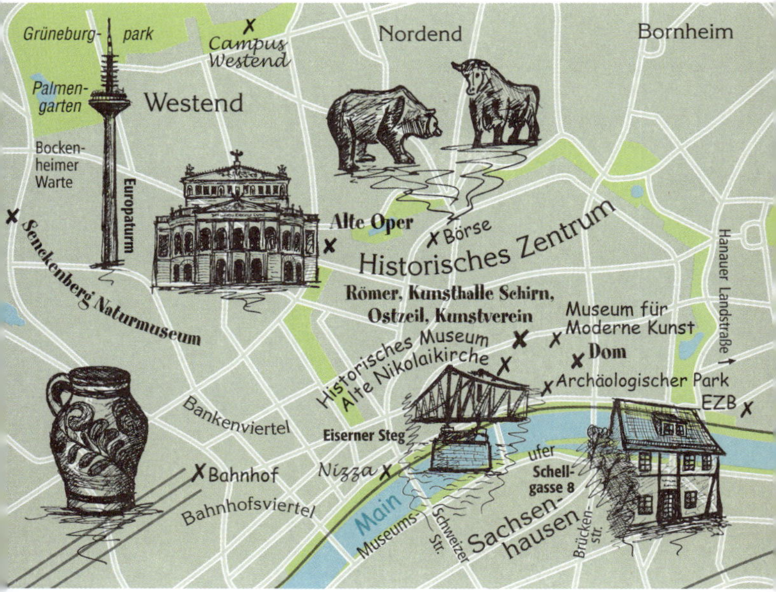

Tanz die Kulturen!

Und hier kommt: Chile! Und es ist nicht Arturo Vidal. Dieser Tänzer und seine Begleiterinnen zeigen einen Tanz von der Osterinsel, und dann kommen noch Karnevalstänzerinnen aus Bolivien und Schattentänzerinnen aus Indonesien und Vallenato-Tänzerinnen aus Kolumbien und kurdische, griechische, indische, türkische, italienische Tänzer und einfach alle, die Frankfurt so bunt und lebendig machen und die man sich in seinen Reihen wünscht. Die Parade der Kulturen, bei der sie auftreten, hat in Frankfurt ein Heimspiel: Es gibt alleine 58 afrikanische Vereine in der Stadt.

Im Ausland beliebt

Wolkenkratzer haben wir, Wohnraum eher nicht, rund 64 % der in Frankfurt Beschäftigten müssen pendeln, denn in den Wolkenkratzern kann man nicht wohnen, jedenfalls nicht der Normalverdienende, dafür sind sie viel zu teuer. Begehrt sind die dort eingerichteten Wohnungen bei der chinesischen Klientel, weshalb es auch sehr erfolgreich operierende chinesische Makler gibt. Frankfurt scheint aber auch am Nil bekannt und beliebt zu sein, wie diese Nilgans-Parade zeigt.

Die andere Seite der Stadt

Hat man sich früher auf dem Flohmarkt mit Kleidern aus den 1940er-Jahren, Shillums und Trödelmöbeln eingedeckt, also mit Dingen, die eigentlich nicht wirklich wichtig, aber schön anti waren, gegen den bürgerlichen Mainstream gerichtet, so sind es auf den Flohmärkten heute solche, die man wirklich braucht. Welche Geschichte könnte unsere Verkäuferin erzählen, wem verkauft sie ihr Jesus-Porträt, die Küchenreibe, die Aktentaschen?

Ihr Frankfurt-Kompass

#2

Stil-Potpourri – **in der Altstadt**

#3

Lustiger essen – **die Kleinmarkthalle**

GLATT GEBÜGELT, NEIN DANKE!

Lebensmitte(l) für Menschen aus 180 Weltecken

#1

Frankfurts ›Gudd Stubb‹ – **auf dem Römerberg**

Friedensvogel, flieg!

WOMIT FANGE ICH AN?

1 2 3

15 14 13 12

Richtig **URBAN** und voller Fachwerk

#15

Die Überraschung am Main – **Höchst**

Goethe schiebt an.

#14

Wir lieben die Eule im Norwegerpulli – **im GrünGürtel**

VERKNIFFEN VERKNEIF' ICH MIR

AUCH RUHE HAT IHREN PREIS

#13

Großbürgers Glückseligkeit – **das Westend**

#12

Szeniges und adliges Grün – **das Nordend**

#4
Glitzert so schön – **die Skyline**

#5
Wer hat Lust auf Vielfalt? – **Das Bahnhofsviertel**

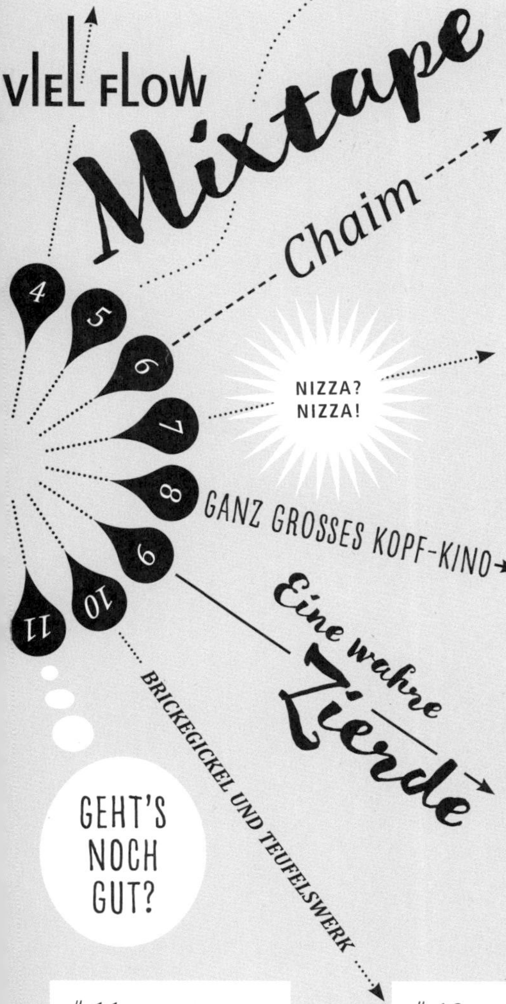

#6
Von Mayer Rothschild bis Bubis – **Juden in Frankfurt**

#7
Sehen, flanieren, leben – **am Main hibbdebach**

#8
Prächtige Ansichten – **das Museumsufer**

#9
Die Spitze des Bilderbergs – **das Städel**

#10
Klamotten, Kneipen, Wald, Goethe – **Sachsenhausen**

#11
Arm und Geld als Nachbarn – **das Ostend**

1

Frankfurts ›Gudd Stubb‹ – **auf dem Römerberg**

Hier schlägt das Herz Frankfurts. Am besten, Sie nehmen erst einmal in einem der Straßencafés Platz und betrachten das Rathaus, den Römer, den Justiziabrunnen, die Fachwerkhäuser an der Ostzeil und die Alte Nikolaikirche, die sich um das Rund des Römerbergs versammeln, und genießen die Aussicht auf einen schönen Tag.

Und einen schönen Platz. Denn keinen schöneren soll es im ganzen Heiligen Römischen Reich gegeben haben, berichten Chroniken aus dem Mittelalter, und das umfasste immerhin das Burgund und Italien. Seit dem 9. Jh. wurden auf dem Römerberg Märkte, Feste und Turniere abgehalten. Doch was heute davon zu sehen ist,

Wasser marsch! Tut an einem heißen Tag besonders gut, wenn jetzt gleich der Römerberg besichtigt werden soll.

ist mitnichten historisch, sondern entstand nach dem Zweiten Weltkrieg. Bombardierungen hatten das Fachwerkensemble, das aus 1500 Gebäuden bestand, vernichtet, nur elf Häuser blieben verschont. Keine andere Stadt in Deutschland ist dann in der Nachkriegszeit so drastisch umgebaut worden. Und es wird immer noch gebaut. Im Rücken des Römerbergs entsteht eine mittelalterliche Altstadt in modernem, nachhaltigem Design, aber das ist ein anderes Kapitel, nämlich das nächste (► S. 24).

Justitia sieht klar

Der 1611 eingeweihte **Gerechtigkeitsbrunnen** 1 in der Mitte des Römerbergs wurde gleichfalls im Zweiten Weltkrieg zerstört und später durch die heutige Nachbildung ersetzt (wird derzeit restauriert). Auf der Brunnensäule thront die bronzene Statue der Justitia mit – ziemlich einzigartig – unverbundenen Augen, ein Schwert in der rechten, eine Waage in der linken Hand. Heute sprudelt Wasser in das achteckige Becken, früher war es köstlicherer Stoff. Zu den Krönungsfeierlichkeiten der Kaiser floss Apfelwein, dazu wurde ein Ochse am Spieß gebraten. Irgendwann war man wohl klammer und ließ Krönungswürstchen verteilen. Das Frankfurter Würstchen war geboren!

Zwei in einem

Die spätgotische Treppengiebelfassade des **Römers** 2, des Rathauses der Stadt, ist typisch für das Spätmittelalter. Und typisch ist irgendwie auch der Hintergrund des Namens. Die Bürgerhäuser ›Zum Römer‹ und ›Zum Goldenen Schwan‹, die 1405 zum Rathaus zusammengefasst wurden, dienten ursprünglich als Lager für Waren aus Rom. Erst im späten 19. Jh. wurde es erweitert – der Limburger Diözesanbaumeister Max Meckel schuf die Fassaden mit spätgotischen Elementen neu. Nach dem Zweiten Weltkrieg wurden sie nahezu identisch wiederaufgebaut.

Das Prunkstück des Gebäudes befindet sich im ersten Stock: der **Kaisersaal** mit den überlebensgroßen Bildnissen (1838–53) aller in Frankfurt gewählten Kaiser.

Ostzeil rekonstruiert

Genau vis à vis entstand zwischen 1981 und

S
SCHAU!

Neben dem Gerechtigkeitsbrunnen erinnert eine in den Boden eingelassene Gedenkplatte an die öffentliche **Bücherverbrennung** auf dem Römerberg am Abend des 10. Mai 1933.

F
FAVORIT

Wolkenkratzerhoch, auf alt getrimmt? Was sich links und rechts des Römer befindet, wurde jedenfalls in den 1950er-Jahren geschaffen und greift die gestalterischen Elemente des spätmittelalterlichen Rathauses auf. Ich persönlich liebe die Mosaiksteinchenmanie der Zeit, besonders schön zu sehen am **Haus Im Füldchen 5–7** an der Nordseite des Platzes, in dem ein Uhren- und ein Schmuckgeschäft untergebracht sind. Wenn die Sonne draufscheint, funkelt es wie Gold.

1984 als historische Rekonstruktion die **Ostzeil** 3 mit den prächtigen Fachwerkhäusern Großer Engel, Goldener Greif, Wilder Mann, Kleiner Dachsberg, Großer und Kleiner Lauberberg – neu. Ein bisschen puppenstubenhaft allerdings.

Zum Main hin liegt die **Alte Nikolaikirche** 4. Sie wurde unter Kaiser Konrad III. als Hofkirche der angrenzenden Stauferpfalz begonnen (1140–49). Innen betont schlicht, ist sie im spätgotischen Stil gehalten, nur ihre Fundamente sind spätromanisch. Die hochgotischen Lanzettfenster, Bogenfriese, Brüstung, Galerien, Ecktürmchen und Balkone setzen sich im satten Ochsenblutrot prägnant vom weißen Mauerwerk ab.

Museumscoup

Gleich dahinter Frankfurts neuester Museumscoup: Das **Historische Museum** 5, jahrzehntelang ziemlich unattraktiv in eine Brutalbetonkonstruktion gestopft, hat sich in einen großzügigen zweigeteilten Bau verwandelt mit einer Rampe dazwischen, und in den weißen Wandnischen prangen römische Statuen und bundsandsteinere Spolien, Wappen, Erkerschmuck. Der Bau ankert praktisch – und integriert Gebäudeteile – in der alten Stauferpfalz; sogar Teile des Hafens (ca. 1303–14) mit einem Pflaster aus dem 12. Jh. hat man ausgebuddelt. Gibt es einen besseren Platz für ein Historisches Museum? Der **Saalhof,** damals an der Südwestecke der Stadtbefestigung gelegen, war seit dem 12. Jh. Palast der Stauferkönige und somit einer der Königssitze, in denen sich die Wanderkönige auf ihren Reisen niederließen. Nicht besonders repräsentativ scheint er gewesen zu sein – der kaiserliche Versammlungssaal misst gerade mal 60 m^2 –, aber man kann Teile des Wohntraktes und der Palastkapelle besichtigen. In einem Kabinett sind Kopien der Reichsinsignien ausgestellt – unbedingt hineingehen, die Geschichte wird auf frankforderisch erzählt.

Frankfurter Seufzerbrücke

Auf dem kurzen Weg zur Paulskirche zeigt sich Frankfurt so, wie es trotz Mainstreaming-Alarm ist: quer. Da ziert ein **Friedensvogelsmosaik** aus dem 1960er-Jahren die Fassade des städtischen Tourismusamts, folgt das im bunt gemischten neogotischen und Renaissance-Stil gebaute **Alte**

H
HERRLICH 50ER

Vier Städte gingen 1948 in das Rennen um den neuen **Regierungssitz der Bundesrepublik;** großer Favorit war Frankfurt. Und weil das so war, hatte der damalige Bürgermeister Walter Kolb ein Gelände für den Regierungssitz ausgeguckt: den Dornbusch und die Bertramswiese. Dort entstand ein wunderbarer Rundbau ähnlich der Paulskirche, eine architektonische Verbeugung vor der Wiege der Demokratie. Die demokratische Tradition der Stadt sollte die Wahl zur Bundeshauptstadt beflügeln. Hat nichts genutzt, wie wir wissen, 1949 entschied sich der Parlamentarische Rat für Bonn.
Das Gebäude wurde zum Sitz des **Hessischen Rundfunks** und erstrahlt im Foyer in seiner ganzen 1950er-Jahre-Herrlichkeit mit einer schwebenden Freitreppe, mit goldenen Säulen, Mosaiken und viel Licht, eindrucksvoll schön. Man kann es besichtigen.

Rathaus 6 und danach etwas, das so aussehen will wie die Seufzerbrücke in Venedig.

Und nun zur Wiege der Demokratie: In der **Paulskirche** 7, der früheren evangelischen Hauptkirche, tagte die erste deutsche Nationalversammlung zwischen dem 18. Mai 1848 und dem 31. Mai 1849. Das erste frei gewählte Parlament trat im Zuge der revolutionären Erhebungen zusammen, die das Auseinanderbrechen des Heiligen Römischen Reiches deutscher Nation nach den napoleonischen Kriegen begleiteten. Handeltreibende verlangten eine Zollunion, Studenten und Politiker forderten die Liberalisierung der Presse, Bürger- und Freiheitsrechte und vor allem einen Nationalstaat mit einer parlamentarischen Demokratie. Diese bis dahin revolutionären Forderungen wurden in einer Verfassung gebündelt, die als Paulskirchenverfassung die Grundlage der Weimarer Verfassung und auch des Grundgesetzes der Bundesrepublik bildete.

Heute ist der Kuppelbau einer der wichtigsten Veranstaltungsorte in der Stadt: Der Friedenspreis des Deutschen Buchhandels wird hier vergeben, ebenso der Goethepreis der Stadt Frankfurt.

Augen auf! Justitia schaut hin – zumindest die Frankfurter Skulptur.

INFOS/ÖFFNUNGSZEITEN

Touristeninfo: Römer 27, Mo–Fr 9.30–17.30, Sa/So 9.30–16 Uhr

Römer 2: Mo–Do 8–16, Fr 8–12 Uhr. Der Kaisersaal ist bei Veranstaltungen geschl.

Alte Nikolaikirche 4: im Sommer tgl. 10–20, im Winter 10–18, während des Weihnachtsmarkts bis 21 Uhr

Historisches Museum 5: Saalhof 1, T 069 211 23 51 54, www.historisches-museum.frankfurt.de, Di–So 10–17, Mi 10–21 Uhr, Führungen So 15 Uhr, 6 €. Eröffnung des Gesamtkomplexes voraussichtlich November 2017

Paulskirche 7: tgl. 10–17 Uhr

KULINARISCHES FÜR ZWISCHENDRIN

Haus Wertheym 1: Fahrtor 1, T 069 28 40 32, www.haus-wertheym.de. In einem Fachwerkhaus von 1479 lädt das älteste Restaurant Deutschlands zu – was sonst?– gutbürgerlicher Küche.

Karte 2, F/G 5/6 | **U-Bahn:** U 4/5 (Dom/Römer)

\# 2

Stil-Potpourri – **in der Altstadt**

Wird sie nun Frankfurts Star oder nicht, die neue Altstadt? Im Wort selbst liegt schon das Paradoxon. In der Tat ist es schon ein bisschen seltsam angesichts der Mainhattan-Skyline, die nichts als Großartigkeit atmet, plötzlich mit so etwas Kleingestricktem wie der komplett neu gebauten Altstadt in Frankfurts Mitte konfrontiert zu sein, die sich zwischen Dom und Römer ausbreitet. Aber glatt gebügelt hat noch nie als Etikett für diese Stadt gepasst. Also sehen Sie selbst.

Spannend: Wie geht das Neue im Alten? Die neue Altstadt wird's zeigen.

Unter Maßgabe strengster Nachhaltigkeit entsteht dort ein buntes Sammelsurium von Fachwerk, wie es zu den verschiedenen Zeiten modern war, Gotik, Renaissance und Klassizismus. Entstehen die Kleine Waage, Das goldene Lämmchen als Neuschöpfungen, nicht als Kopie, an historisch korrekt gebogenen Schmalstgassen. Ein

zierlicher Laubengang zur Schirn hin überbrückt die unterschiedlichen Niveaus und bringt etwas Lichtes und Helles in den Stadtentwurf. Trotzdem: Nicht puppenstubenhafte Phantasie-Rekonstruktion wie an der Ostzeil (► S. 22) ist hier Ziel, sondern das Spiel mit den gestalterischen Elementen der jeweiligen Epochen, umgesetzt in moderne Stadtarchitektur.

Kleingestrickt wirkt sie in der Tat, aber sie ist eben auch historisch, mit einem schönen Katzbuckelpflaster und mit vielen Stücken verziert, die nach dem Zweiten Weltkrieg aus den Trümmern gerettet oder rekonstruiert wurden. Wie die schmiedeeisernen Fundstücke.

Die Architektur gibt dieser Stadt also ein Stück Epoche zurück, ausgerechnet Frankfurt! Der Zweite Weltkrieg hat der Stadt nicht solche Schäden zugefügt wie die anschließenden Neubauprojekte. Den politischen Neubeginn damals sollte ein architektonischer repräsentieren, und da waren ganz neue Ausdrucksformen gefragt. Breite Straßenschneisen etwa, für ungestörten Autoverkehr …

Echt alt

Ein beredtes Beispiel spätgotischer Bürgerhäuser ist das **Steinerne Haus** 1 von 1464 mit Wehrgang und Erkern. Im Mittelalter war es der einzige Bau aus Stein auf dem Römerberg. Hier ist der **Kunstverein** untergeschlüpft, eine Adresse für ungewöhnliche Ausstellungen zeitgenössischer Kunst. Und ein tolles **Café** 1 im Erdgeschossgewölbe, das das Zeug zum Lieblingsplatz hat. Auf der Rückseite zur Braubachstraße liegen einige der traditionellsten und urigsten Antiquitätenläden Frankfurts, wie **Magus** und **Schlitt.**

Die **Schirn Kunsthalle** 2 mit ihrem Rotunden-Eingang und dem lang gestreckten Baukörper bricht das kleinteilige Bauumfeld fast brachial auf. Die Kunsthalle, die nach den hier bis ins 19. Jh. angesiedelten Schern, den Fleischbänken der Metzger, benannt wurde, macht seit ihrer Eröffnung 1986 mit spannenden Konzeptausstellungen auf sich aufmerksam, obwohl der eigentliche Platz dafür nicht gerade üppig bemessen ist. Diese Konstruktion liegt jetzt Seite an Seite zur neuen Altstadt vor dem Dom und stellt klar, wie eigenwillig Frankfurt eigentlich ist.

K KARRIERE

Wer hätte gedacht, dass diese staubig-altmodische Ecke **Braubachstraße-Domstraße** mal eine solche Karriere hinlegen würde? Im Schatten der neuen Altstadt reiht sich nun ein schickes Café an das nächste, wie das japanisch-französische **Iimori** (► S. 91). Die Straße übrigens, so fordern die Geschäftsleute unisono von der Stadt, soll schöner werden.

Unser erstes Hochhaus: Der Dom – klar, den muss man lieben.

Königsgrab

Der **Kaiserdom** 3 ist eigentlich gar keiner, denn er diente nie als Bischofskirche. Dennoch ist er der bedeutendste und prunkvollste Sakralbau Frankfurts, denn von 1356 an war er Ort von Königswahlen und Kaiserkrönungen (1562–1792). Seine spätgotische Silhouette mit dem 95 m hoch aufragenden Turm macht die Frankfurter Stadtansicht endgültig unverwechselbar, denn neben den vielen Wolkenkratzern setzt er den unvergleichlichen Akzent. Den Glockenturm kann man besteigen – das einzige Hochhaus, das immer geöffnet ist …

Die kreuzförmige Hallenkirche erhebt sich über einer merowingischen Kirche aus dem 7. Jh. und der karolingischen Salvatorbasilika. Ursprünglich war sie der Jungfrau Maria geweiht, aber als die damalige katholische Pfarre eine Hirnschale des Hl. Bartholomäus als Reliquie aus Aachen erhielt, wurde die Kirche umgewidmet. Der Stadtbaumeister im 14./15. Jh., Madern Gerthener (1360–1430), hat sich mit seinen Entwürfen hier und auch im Turm (1415) verewigt.

Im Altarraum stehen sich ein an der Wand aufgestelltes Relief mit der Darstellung von Günther von Schwarzburg (1349), der als einziger König

INFOS/ÖFFNUNGSZEITEN

Kunstverein: im Steinernen Haus 1, www.fkv.de, Di–So 11–19, Do bis 21 Uhr, 8/6 €, mit Café im Erdgeschoss

Schirn Kunsthalle 2: Römerberg, www.schirn.de, Di–So 10–19, Mi/Do 10–22 Uhr, Sonderausstellungen 9 €, Kombiticket 14 €

Domturm 3: Jan.–Okt. tgl. 9–19 Uhr, 3/1,50 €, Spezialführungen siehe www.domturm-frankfurt.de

MMK 4: Domstr. 10, T 069 21 23 04 47, www.mmk-frankfurt.de, Di–So 10–18, Mi 10–20 Uhr, 12 €, Kombiticket mit MMK 2 und 3 16 €

Treehouse 1: Weckmarkt 7

Affentor 2: Fahrgasse 23

KULINARISCHES FÜR ZWISCHENDRIN

Schirncafé by Badias 3: T 069 98 66 99 69, Di–So 10–19, Mi/Do 10–22 Uhr. Marokkanisch-orientalische Küche in lichter Umgebung

Cityplan: Karte 2, F/G 5/6 | **U-Bahn:** U 4/5 (Dom/Römer)

im Dom begraben wurde, und eine Statue von Karl dem Großen gegenüber. Die Fresken zeigen Leben und Martyrium des in Indien und Armenien missionierenden Bartholomäus. Marias Schlafaltar aus dem 16. Jh. befindet sich links vom Altarraum in einer eigenen Kapelle, deren Kreuzgratgewölbe im Schlussstein die Rose zeigt. Maria ruht ganz jung und regelrecht bezaubernd, umringt von den Aposteln, auf ihrem Totenbett. Die weiteren Kapellen links und rechts des Altars fallen durch ihre unregelmäßigen Proportionen auf – es sind aus Fragmenten zusammengestellte Werke, Altarbilder und Statuen aus alten Kirchen, die von Stadtpfarrer Ernst August Münzenberger gesammelt und gestiftet wurden.

Ein sinnliches Vergnügen

Seit seiner Eröffnung schreibt das **Museum für Moderne Kunst** 4 (MMK) Erfolgsgeschichte. Das ›Tortenstück‹ an der Domstraße, wie es wegen seiner postmodernen Dreiecksform getauft wurde, überrascht durch eine ungewöhnliche Melange aus Konzeptkunst, Fotoarbeiten, Video- und Rauminstallationen sowie durch deren originelle Präsentation. Architekt war Hans Hollein.

Das strenge Tortenstück ist innen eine richtige Ritterburg mit Durchgucken, Türmen, Fenstern, rund geschwungene Treppen, die gestaltet werden können, beweglichen Wänden. Ein kleines Labyrinth, vollkommen sinnlich. Sicher, man kann auch einen ganz normalen Raum haben, aber die meisten Künstler spielen mit den Formaten, die ihnen zur Verfügung stehen. Also kein Wunder: Das MMK zählt zu den bedeutendsten Museen für Gegenwartskunst. Zur Eröffnung steuerten Bill Viola, Lothar Baumgarten, Claes Oldenburg, Mario Merz und James Turrell Kunstwerke bei.

UM DIE ECKE

An der Ecke **Fahrgasse/Weckmarkt** zeigt die Innenstadt ihren so typischen Mix vom Staub des Vergessens aus einem Bürstenfachgeschäft, alten Skulpturen aus Bundsandstein, 1950er-Jahre-Architektur und Wohnhöfen. Im Schatten des Doms entsteht ein Ziel für alle, die Galerien und unkonventionelle Designerläden wie das **Tree House** 1 und das **Affentor** 2 lieben. Das **Café Metropol** 2 (► S. 91) liegt auch hier.

M MODERN X 3

Etwa 4500 Exponate umfasst die Sammlung des **Museums für Moderne Kunst,** die allerdings nicht alle ständig zu sehen sind. Teile davon sind in der tollen Dependance **MMK 2** im Taunusturm bewundern, einem der typischen Bürotürme im Bankenviertel an der Taunusanlage mit 2000 m² Grundfläche. Hier lassen sich auch großformatige Installationen zeigen, das Raumgefühl ist ein ganz anderes. Diese Synthese aus Wirtschaft und Kunst ist typisch Frankfurt. Eine weitere Dependance, **MMK 3,** ist im füheren Hauptzollamt Frankfurts zu Füßen des Doms untergebracht.

Zwar nicht direkt in der Altstadt, aber dennoch einen Abstecher wert: die Alte Oper

\# 3

Lustiger essen – **die Kleinmarkthalle**

In Frankfurt sind 180 Nationen zu Hause. Und sie sind es gefühlt auch in der Kleinmarkthalle. Hier gibt's für jeden etwas: marinierter Handkäs, in Kringeln luftgetrocknete Ahle Worscht, Sauerampfer und Pimpinelle behaupten sich gegen kubanischen Chili, brasilianische Guavenkonfitüre, Pferdefleisch, Rindermägen, Pansen, Austern und Meeresalgen.

Kommen Sie mit in den Bauch von Frankfurt! Wer es beschaulich mag, geht am Montag Vormittag, wer den Trubel liebt, am frühen Samstagnachmittag. Der Beschauliche leidet eventuell unter dem Nachteil, dass nicht alle Stände geöffnet sind, aber er hat seine Ruhe, kann die Auslagen betrachten und sich an Schweineherzen, Rinderzungen, zierlich gedrechselter Pasta und krümeligen Parmesanblöcken sattsehen. Am Samstag hingegen kommt man garantiert nicht durch die Gänge, ohne mindestens dreimal fremde Einkaufstüten gegen die Kniekehlen geschleudert zu

Gesund ist bunt – in jedem Fall in der Kleinmarkthalle.

bekommen oder mit den Selfiesticks emsiger Asiaten zusammenzustoßen. Alle Auslagen blitzen, sind wohl poliert und voll, und alle Standbetreiber am Platz, auch das liebe ältere Ehepaar, das fein säuberlich seine Rinderbeinscheiben drapiert hat, oder der unermüdliche Granatapfelauspresser aus Kroatien.

Und wer es nicht glaubt, soll es sich ansehen: In unserem veganen Zeitalter verkauft **Ilse Schreiber** 1 heiße Wurst aus dem Kessel, Krakauer, Gelb-, Fleisch- oder Rindswurst, mit oder ohne Haut, mit Brot oder Weck. Ihr Stand ist gnadenlos angesagt, ja er ist der angesagteste von allen. Nirgendwo sonst bilden sich so lange Schlangen. Nicht mal beim Weinausschank.

Hier geht das Rätselraten los: Was davon kommt in die Grüne Soße?

Von Grüner Soße bis zu persischen Gewürzen

Gleich links beim Eingang am Liebfrauenberg führt der Lieblingsstand der Frankfurter Köche, **Obst und Gemüse Frieser** 1 (Nr. 118/119), garantiert die richtigen Kräuter für die Frankfurter Grüne Soße – und dazu noch jedes erdenkliche saisonale Gemüse. Für einen Spruch ist die Dame auch immer gut: »Stelle eine Frau ein oder vier Männer« – mit diesem Schild hat sie Begeisterungsstürme unter den Frauen entfacht. Die Verkäufer am Stand lächeln das gelassen weg.

Weiter hinten im Seitengang verkauft die **Metzgerei Dey** 2 (Nr. 12–16) neben anderen Metzgereien hauptsächlich Wurst – Ahle, Schwälmer, Gref-Völsing's-Rindswurst, aus Blut und Leber, Partywürstchen, Weißwürstchen und Frankfurter Würstchen, für die sie schon ausgezeichnet wurde. Ob ihr das auch mit ihrer hausgerührten Grünen Soße gelingt?

Exotisch, griechisch, bio

Innereien, Rind und Lamm bieten orientalische Metzger, wie **Hamouti** 3 (Nr. 26/27) oder **El Massaoui** 4 (Nr. 6/7). Das **Persienhaus** 5 (Nr. 102/103) im Mittelgang lockt mit Trockenfrüchten, Ingwer, Reis und Berberitzen. Gleich dahinter präsentiert sich **Pinocchio** 6 (Nr. 78/79) mit hausgemachter frischer Pasta, Ölen, Salami, Käse und vielen weiteren italienischen Leckereien, z. B. der unwiderstehlichen apulischen *burrata,* eine mit Sahne gefüllte Büffelmozzarella-Kugel.

P POWER-SPOT

Die Kleinmarkthalle ist Frankfurts Kraftzentrum. Ein bisschen wirkt es, als wäre die Zeit in den 1960er-Jahren stehen geblieben und als befände man sich in Frankreich oder Italien. Unvorstellbar, dass die Stadt noch vor einigen Jahren plante, diese schon ziemlich betagte Markthalle abzureißen und durch einen Neubau zu ersetzen. Heftiger Protest regte sich und hatte Erfolg: Die Halle wurde nur frisch gestrichen. Trotzdem, wie geht man nun angesichts dieser unausweichlichen Notlage eine Sanierung an?

INFOS/ÖFFNUNGSZEITEN

In die **Kleinmarkthalle,** www.kleinmarkthalle.com, Mo–Fr 8–18, Sa 8–16 Uhr, gelangen Sie über zwei Eingänge: südlich des Liebfrauenbergs und an der Hasengasse 5–7.

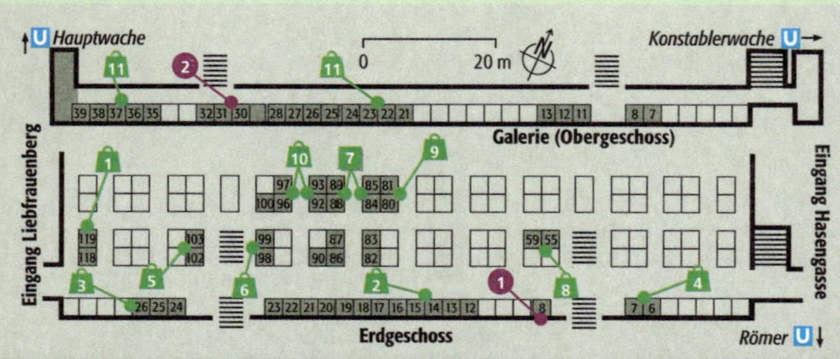

Cityplan: Karte 2, F/G 5 | U-/**S-Bahn:** U 4–7, S 1–6, 8, 9 (Konstablerwache)

Griechische Rezepte werden würdig bei **Teo's** 7 (Nr. 80/81) vertreten mit hausgemachten Frischkäsepasten, eingelegten weißen Bohnen, Artischocken, Brot und Ölen, sowie **Tsironas** 8 (Nr. 55/59). Schräg gegenüber von Teo's an der Fensterfront wartet ein Highlight: der Doppelstand **Asia-Latino** 9 (Nr. 84/85, 88/89), ein Dorado für den, der das Echte sucht: Soßenkonzentrate *(moles)* aus Mexiko, Maniokmehl für die brasilianische *feijoada,* getrocknete Bohnen jeglicher Couleur und echte Maisschrot-Tortillas.

Lebe Gesund 10 breitet sich über acht Stände aus, mit Kräuterpasten, getrockneten Apfelringen, Brot- und Backwaren, Vollkornnudeln, Marmeladen u. a., alles Bio-Kost (Nr. 92–100).

Alla vita buona 11 (Nr. 21–24, 35–39) – unter diesem schönen Namen präsentieren sich italienische Stände im ersten Stock auf der Galerie. Hier wartet ein ganzer italienischer Lebensmittelhimmel auf Käufer. Wenn man Glück hat, gibt's gerade frisch die sizilianischen *cannoli,* mit Ricotta und Marzipan gefüllte Teigröllchen, die im »Paten« so häufig ins Film-Bild gerückt werden.

Ebenfalls auf der Galerie ist der Stand von **Mare Blu** 2 (Nr. 30–32) besonders um die Mittagszeit gut belagert. Wer sich für Szene hält, verspeist hier samstagmittags Austern zu einem Glas Crémant.

Doch mit Frau Schreiber und ihrem Wurststand kann keiner mithalten, nicht mal die Auster.

Muss wohl Montag sein, wenn es an Ilse Schreibers Wurststand so ruhig zugeht.

Glitzert so schön – **die Skyline**

#4

Das Einzige, das Bestand hat, ist die Veränderung. Das gilt immer und für Frankfurt ganz besonders. Was Sie heute sehen, kann morgen schon überholt sein. Zum Beispiel die berühmte Skyline, die jeden Frankfurter mit Stolz erfüllt, wenn er sie im Morgenlicht schimmern, im Abendlicht silbern glitzern sieht. Und dann fängt er an zu zählen: Ist da nicht schon wieder einer dazugekommen?

Kann gut sein. Denn zu den Geschäftstürmen gesellen sich seit einiger Zeit auch Wohntürme hinzu, die wie Pilze aus dem Boden schießen. Da kann einem schwindelig werden. Auch von den Preisen, die sich kaum ein Normalverdiener leisten kann. Das berühmteste Hochhaus ist zurzeit der zum Luxuswohnen umgebaute **Henninger Turm,** und

Essen mit Blick auf die Skyline geht auch ohne teuer: im Restaurant Leonhard's im 7. Stock der Galeria Kaufhof an der Hauptwache.

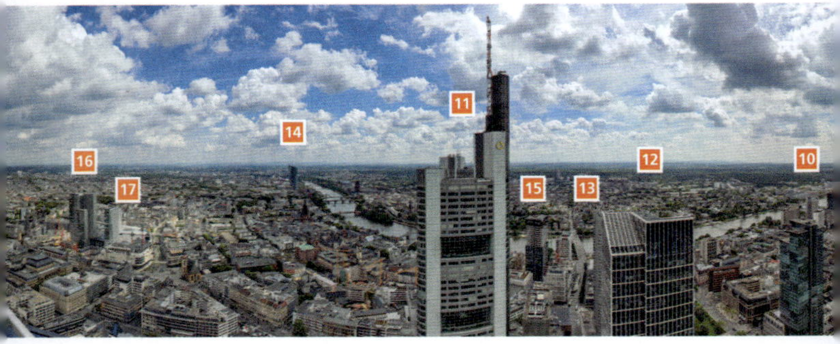

obwohl dort im Sekundentakt die A380 drüberdonnern, kostet die Penthousewohnung schlappe 4,5 Mio. Euro.

Da erinnern wir uns gerne: Bei aller Glitzerschönheit – die Türme wurden nicht kampflos aus dem Boden gestampft. In den 1970er-Jahren entwarf der Baudezernent Walter Kampffmeyer einen Hochhausbebauungsplan, der sich auf fünf Achsen ausdehnen sollte: Reuterweg, Bockenheimer und Mainzer Landstraße, Gutleut- und Kaiserstraße. Besonders der Standort Westend mit seinen Patriziervillen rief Proteste hervor, denn der Plan beabsichtigte die Vernichtung zwar maroder, aber gediegener Bausubstanz und damit massiven Verlust an Wohnraum. Im Westend waren überdies mindestens ein Fünftel der Villenbesitzer jüdische Familien gewesen. Diese Orte sollten nicht Grundstücksspekulanten in die Hände fallen. Der Häuserkampf begann und hatte letztlich Erfolg: Der Westend-Plan wurde aufgegeben (► S. 68), und der Bebauungsplan wurde in wesentlich kleinerem Maßstab verabschiedet.

Schauen und Staunen

Den atemberaubendsten Überblick bietet die Aussichtsplattform des **Main Tower** (Neue Mainzer Str. 52–58, 🕮 Karte 2, E 5), in dem die Hessische Landesbank und in den zwei obersten Stockwerken ein Restaurant und Studios des Hessischen Rundfunks untergebracht sind. Der komplett spiegelverglaste Main Tower ist einer der höchsten und charakteristischsten Türme der Skyline. Das Doppelgebilde besteht aus einem hohen Rundturm (200 m), an den sich ein niedrigerer rechteckiger Turm (170 m) schmiegt.

Ü
ÜBRIGENS

Das allererste Frankfurter Hochhaus war das knapp 35 m hohe **Junior-Haus** (1951, Architekt: Wilhelm Berentzen, Kaiserplatz/Ecke Friedensstraße, 🕮 Karte 2, F 6). Die verwegene neungeschossige Eckkonstruktion mit rundem verglastem Treppenhaus wird gekrönt von einem majestätischen Mercedes-Stern.

Wellen und Pyramiden

Blickt man vom Main Tower gen Norden, sieht man den **Opernturm** 1 (170 m, Ecke Bockenheimer Landstraße und Reuterweg, Karte 2, E 5), einen klassizistisch-puristischen Entwurf von Christoph Mäckler. Dahinter erkennt man die nicht sehr hohe **Welle** 2 (An der Welle, E 4), die auch genauso aussieht. Direkt nördlich neben dem Main Tower erhebt sich das zeitgleich mit ihm gebaute **Eurotheum** (110 m, Neue Mainzer Str. 66–68, Karte 2, E 5, auf dem Foto verdeckt).

Ein Stück weiter schimmern die Doppeltürme der **Deutschen Bank** 3 (›Soll und Haben‹, 158 m, Taunusanlage 12, Karte 2, E 5), die komplett renoviert wurden – unter Beibehaltung ihrer mehrfach gefalteten Spiegelglasfassaden. Um den Energie- und Wasserverbrauch sowie die CO_2-Emmissionen zu senken, wurden die Türme mit modernsten Ökotüfteleien ausgestattet; sie gelten als Deutschlands innovativstes Hochhaus.

In weiter Ferne glitzert die Pyramidenspitze des **Messeturms** 4 (257 m, Architekt: Helmut Jahn, Friedrich-Ebert-Anlage, C 5) ganz aus burgunderfarbenem Granit und Glas. Er beschenkt Frankfurt mit einer Art-déco-Schönheit, die auch in Manhattan auffallen würde. Zusammen mit der Neugestaltung der Festhalle gehört er zu den attraktivsten Ensembles der Stadt, vervollkommnet durch die sich bewegende Skulptur **»Hammering Man«** von Jonathan Borofsky. Davor steht einer der weiteren, stilistisch schönen Hochhausbauten im Westen, das verspiegelte Bankgebäude **Trianon** 5 (186 m, Architekt: Albert Speer, Mainzer Landstr. 16–24, Karte 2, E 5).

Vom Main Tower aus lässt sich gut nachvollziehen, in welchen Schüben die Neu-Modellierung Frankfurts vonstatten ging. Denn auch die Wolkenkratzer-Architektur unterliegt Moden abseits des Sockel-Schaft-Kapitell-Schemas: War es in den 1970er-Jahren dunkler Stein, verdrängten ihn ein Jahrzehnt später Spiegelglas (Deutsche-Bank-Türme) und ornamentale Akzente (Kronenbau, DZ Bank). In den 1990er-Jahren liebte man transparentes, getöntes Glas, akzentuiert durch Stahl (Silvertower, Deutsche Bahn), während Frankfurts Star-Architekt Christoph Mäckler (Operntum, 2006) hellen Naturstein bevorzugte.

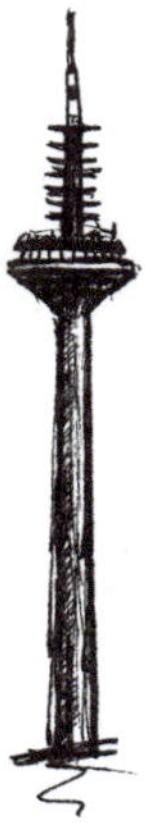

Der Europaturm ist auf dem Panorama direkt links hinter dem Opernturm vor den Hügeln des Taunus zu sehen.

Aus dem Westend sticht der mit Naturstein verkleidete Turm der **DZ Bank** 6 (Westend Tower, 208 m, Westendstr. 1, D 6) mit seiner imposanten ›Krone‹ hervor, einer witzigen Anleihe beim Strahlenkranz der New Yorker Freiheitsstatue. Im Hintergrund leuchtet das Kuppeldach des Frankfurter **Hauptbahnhofs** 7, davor stehen Seite an Seite der verglaste **Skyper** 8 (153 m, Taunusanlage 2, Karte 2, E 6) mit sanft nach innen gewölbter Ostflanke und der **Silvertower** 9 (166 m, Jürgen-Ponto-Platz 1, Karte 2, E 6) der Deutschen Bahn, links daneben der **Gallileo Art Tower** 10 (136 m, Gallusanlage 7, Karte 2, E 6).

Fast vis-à-vis sieht man das mit knapp 300 m höchste Gebäude der Stadt, die **Commerzbank** 11 (Große Gallusstr. 17, Karte 2, E/F 6), 1994–97 entstanden nach Entwürfen des Büros Norman Foster. Damals setzte es als erstes Energiesparhochhaus einen revolutionären Akzent. Als die Bepflanzung angeliefert wurde, stand halb Frankfurt Kopf.

Der 2014 fertiggestellte, 135 m hohe **Taunusturm** 12 (Taunustor 1–3, Karte 2, E 6) hat nebendran einen kleinen Bruder, einen 63 m hohen Wohnturm, und bietet dem MMK (► S. 27) weitere 1500 m² schöne Ausstellungsfläche.

Nunmehr verdeckt steht der **Eurotower** 13 der Europäischen Zentralbank (Architekt: Richard Heil, Willy-Brandt-Platz 2, Karte 2, E 6) seit 1977 an seinem Platz. Das Personal ist mittlerweile zum Großteil ins neue spektakuläre Gebäude im Ostend umgezogen 14 (► S. 59).

Ein wenig dahinter schimmert Frankfurts jüngstes Projekt **Main-Tor** – am besten zu sehen der **WINX Tower** 15, 110 m, Karte 2, F 6) – auf dem ehemaligen Degussa-Gelände, das jetzt Riverside Financial District heißt und das Projekt »Where Water meets the Sky«. Nun denn.

Im Hintergrund links sieht man den sanft geknickten Glasturm des **Hotels Jumeirah** 16 (99 m, 2010, Architekt: Jürgen Engel, Thurn-und-Taxis-Platz 2, Karte 2, F 5). Nicht besonders hoch und auch kein Turm, aber ziemlich surreal aus dieser Perspektive: die **Ladengalerie MyZeil** 17 mit ihrer Glasfassade, die eine überdimensionale Trichterform ziert (Architekt: Massimiliano Fukas).

FÜHRUNGEN IN DEN BANKEN

Kunstsammlung Deutsche Bank 3: Taunusanlage 12, 1. Mi im Monat 17.30 Uhr, nach Anmeldung: mailbox.kunst@db.com

Trianon 5: Dekabank, Mainzer Landstr. 16, öffentliche Führungen nach Voranmeldung unter kultur@deka.de

Kunstsammlung DZ Bank Art Foyer 6: Platz der Republik, Führungen unter: www.dzbank-kunstsammlung.de, Anmeldung erbeten

Commerzbank 11: Große Gallusstr. 17, letzter Sa im Monat stdl. zwischen 10 und 17 Uhr, Anmeldung unter www.commerzbank.de

U-/S-Bahn: alle Linien (Hauptwache, Willy-Brandt-Platz und Taunusanlage)

Wer hat Lust auf Vielfalt? – **Das Bahnhofsviertel**

#5

Im Bahnhofsviertel offenbart sich die multikulturelle Stärke der Stadt. Hier leben 180 Nationen, und eigentlich ist es logisch, dass der Ort, an dem sie ankommen – der Hauptbahnhof –, sich in ihr Revier verwandelt hat. Wer also indische Saris, getrockneten Fisch aus dem Kongo und Aprikosenöl für Dreadlocks braucht, der wird hier fündig. Und es ist ein Inspirations-Füllhorn für Kunstschaffende. Leider unterliegt das Raue, Spezielle auch hier der Gentrifizierung.

Ich weiß nicht, ob ich es toll finden soll oder nicht, vermutlich beides. Drogen- und Rotlichtviertel, Glücksspielrevier – das Bahnhofsviertel hat über Jahrzehnte viele Schlagzeilen geliefert, und keine davon war positiv. Die kommt jetzt:

Gehört zum Bahnhofsviertel wie Billighostels, Designkneipen, pakistanische Schneider und chinesische Restaurants: das Rotlichtquartier

V
VIERTEL KUNST

Ateliergemeinschaft basis: 28 Künstler und Designer, Ausstellungen und Aktionen, sehr aktiv (Gutleutstr. 8–12, Hinterhaus, Programm unter www.basis-frankfurt.de)
Galerie Kaiser P: Kaiserstr. 62–64, Ladenlokal 48, https://de-de.facebook.com/galeriekaiserp. Street Art, Fotografie. Alle zwei Wochen wechseln die Künstler.
Kai Middendorff Galerie: Niddastr. 84, www.kaimiddendorff.com. Kunst abseits der Tafelbilder, Experimente mit Materialien und Video-/Sound-Installationen.

Das Bahnhofsviertel hat sich neu erfunden. Allerdings hat das den Nebeneffekt, wie so oft in Frankfurt, dass es als schick gilt, sein Bankeroutfit in eine Bar zu quetschen, die den Namen eines Mafiabosses trägt, aber vollkommen clean daherkommt. Was wollen die so genannten Hipster? Drogenelend und Rotlichtmilieu schnuppern?

Seit »Guardian« und »New York Times« das Bahnhofsviertel auf ihren Reiseseiten als *outstanding* lobten, werden auch die Nischen kleiner. Die tolle **Kaiserpassage,** Hort für Männermode aus Afghanistan, ein Flugbüro mit Flügen in die Krisengebiete der Welt und ein Laden mit schrillsten High Heels für Bordsteinschwalben und Transvestiten, wird gerade begradigt, ein paar Mieter müssen weichen für den Bau eines Hotels der Mercure-Kette. Die kultige ›Miele-Wash-World‹ der Mama Afrika Malinda aus Togo in der Moselstraße 17 soll raus, weil im Waschsalon ein Getränkekiosk steht und die Leute am Wochenende Party machen. Und das geht in einem Waschsalon natürlich nicht. Und dabei sind doch diese Geschäfte mit ihrem ganz eigenen Kulturmix, die nicht nach dem Prinzip der Effektivität funktionieren, sondern als Orte des Miteinanders, das Wärmereservoir dieses Viertels. Und im Übrigen garantieren sie seine Sicherheit.

Nicht nur die Pizza ist Kult: Die Leuchtreklame vom »Tony Montana« stammt vom Städelprofessor Tobias Rehberger, der Smiley-Backofen ist eine Extra-Anfertigung aus Neapel.

Mitunter, wenn man so durch dieses Viertel läuft, fragt man sich, wo wären wir, wenn es das alles nicht gäbe? Die indischen Läden mit Saris à la Bollywood, Schminke, Glitzerarmreifen im Dutzendpack, den Kaftanen, das ›Crazy Sexy‹ und das ›Moulin Rouge‹, das ›Moseleck‹ (▶ S. 106), der echte Chai und die orientalischen Schnabelschuhe, die derzeit als *mules* wieder so in Mode sind? Und jenseits des Hauptbahnhofs in der Otto- und der Poststraße der ›Fennischfuchser‹ oder die Uralt-Pizzeria ›7 Bello‹? Wir wären ärmer, oder nicht?

Ein Viertel zum Ankommen

Gedacht war dieses Viertel genau so, für Ankommende. Das waren damals allerdings Kaiser, König, Glanz und Gloria. Und das sieht man sehr schnell, wenn man den Blick in die Höhe richtet. Es ist großzügig und elegant, mit imponierenden Gründerzeitfassaden und ziemlich viel Pickelhaubenästhetik, also erfüllt von den Schönheitsvorstellungen der wilhelminischen Ära. Erkerchen, Türmchen, Adler, Karyatiden, Atlanten. Und die Alleen, die wir heute entlangflanieren, waren äußerst großzügig: Kaiserstraße, Münchener Straße, Taunusstraße, Weser-Elbe- und Niddastraße. Prächtig ist das Gebäude des **Hauptbahnhofs** 1! Er war seinerzeit der größte Bahnhof des europäischen Kontinents. Der Sandsteinbau mit dem geschwungenen Eisen-und-Glas-Dach (1886) war von vornherein als Repräsentationsbau konzipiert, denn er sollte dokumentieren, welche Bedeutung der Eisenbahnknotenpunkt Frankfurt in Europa hatte. Es bestand aus drei Tonnengewölben mit Platz für 18 Gleise, zwei neoklassizistische Seitenschiffe wurden 1924 ergänzt. Die Skulptur des Weltenträgers Atlas thront über der Eingangshalle. Ernst Ludwig Kirchner und Max Beckmann malten den Hauptbahnhof; ihre Bilder hängen im Städel.

Geliftet

Die zentrale Achse der **Kaiserstraße** wurde am radikalsten einem Lifting unterzogen. Deswegen sollte man immer auch die Nidda-, die Mosel- und die Taunusstraße durchlaufen mit ihren Bordellen, Sexläden, Handyshops und Bierkneipen für verlorene Seelen, um ein Bild von der tatsäch-

Erinnern Sie sich noch an Kaufhäuser? Alles unter einem Dach? Niemand will sie mehr, eine Schande. Aber wer braucht noch eine Stoff-, Strick- und Häkel-Abteilung und eine extra für Schrankwände in ein und demselben Haus? Eines der Traditionskaufhäuser auf der Zeil war das Kaufhaus M. Schneider. Diese Institution wurde 1998 nach 111 Jahren geschlossen, lebt aber weiter! Und zwar in der Leuchtschrift »MENSCH«, die über der Gutleutgemeinde prangt. Die Buchstaben des Namenszuges sicherte sich der Künstler Leonard Kahlke und setzte sie neu zusammen. Passt gut zur Gutleutgemeinde, die sich um Heimatlose und Gestrandete kümmert.

A ARDINAST

Mit der winzigen Ima Multibar im rumpeligen Hinterhof der schicken Fressgass fing es an, mit Flaschenbier in Clubatmosphäre, und dann ging es steil nach oben: Die Brüder **David und James Ardinast** haben heute drei der angesagtesten Restaurants im Bahnhofsviertel. Sie lieben die ein bisschen trashige Vielfalt, sagen, Fixer, Puffbesitzer, die multikulturellen Läden im Bahnhofsviertel seien eben der Spiegel der Welt. Den sie ein bisschen blank geputzt haben. Ihre Restaurants tauften sie publikumswirksam **Maxie Eisen** und **Stanley Diamond** (wer sind die bloß? Jüdische Mafiosi!): Das eine ist ein buntes Pastrami-Bistrot, das andere ein Haus der gehobenen Klasse und liegt in einer (noch) abgenudelten Ecke, aber dort liegen auch ein paar der coolen Hotels des Viertels, also nicht schlecht. Und ist ja auch prophetisch gedacht: Schräg gegenüber wächst einer der teuersten Hochhaustürme Frankfurts in den Himmel, der **Grand Tower,** mit 172 m der höchste Wohnturm Deutschlands.
www.imaworld.de

lichen Vielseitigkeit des Viertels zu haben. Hier liegt das poppig bunte **25hours Hotel by Levi's** 1 mit dem **Chez Ima** 1 der legendären Ardinast-Brüder (s. Kasten). Kürschner trauern hinter staubigen Schaufenstern einstiger Größe nach, und ein Wohnprojekthaus gibt's auch bald. Hier ist die Nähe zu New York am größten.

Die Kaiserstraße spiegelt die Vielfalt am ungebremstesten wider: Kuppeltürmchen, Sandsteindeko, Winke-Katzen, Plastikkoffer, Burger-Bars und mittags jede Menge Schlipse und Kostümchen. Der in gleißendes Licht getauchte Juwelierladen **Rana** an der Ecke Moselstraße hat Geschmeide wie aus 1001 Nacht im Schaufenster. Toller können die Auslagen eines Schmuckgeschäfts in Kairo auch nicht aussehen. Der Musikclub **Orange Peel** 1 veranstaltet im Hinterhaus der Kaiserstraße 39 originelle Pop-, Indie- und Jazz-Konzerte. Nebenan residiert die **Freimauerloge Zur Einigkeit** in einem prächtigen Klinkersteingebäude aus dem 18. Jh. mit einem Ballsaal. Sie wurde 1742 gegründet und ist eine der ältesten Deutschlands, ihr berühmtestes Mitglied war Franz Liszt. Und im nächsten Hinterhof wartet eine **Moschee.**

Schluss mit Schick

Die **Weserstraße** bringt uns auf die Münchener Straße, auf der die Lebensmittelhändler aus aller Welt durcheinanderschreien. Pakistanische Mangos, afghanische Mandelpasten und chinesisches Undefinierbares aus der Gefriertruhe – wirklich, man kann nichts verstehen und nichts erkennen, wenn man nicht Chinese ist. Hier residiert das **Hammermuseum** 2 im ersten Stock der Schuhmacherei Lenz. Der Bildhauer und ehemalige Theatermacher Oskar Mahler hat es mit eigenen und ihm zugetragenen Hämmern als *work in progress* eröffnet und freut sich über jeden, der ihm einen Hammer mit Geschichte und Geschichten vorbeibringt.

Schluss mit Schick ist in der **Mannheimer** und der **Karlsruher Straße** an der Südseite des Hauptbahnhofs. Hier liegen die Büros für polnische und rumänische Busreiseziele und 24 Stunden geöffnete Kioske für Telefonkarten, Zeitungen, Coffee to go und Bier. Das safranrot gestrichene **Hotel Oriental** mit dem Restaurant **Hafez** 2 am Baseler

Platz ist von oben bis unten orientalisch ausstaffiert. Am Baseler Platz residiert **Transnormal** 1, die »Damenboutique für den Herrn« mit ihrer herrlichen Besitzerin Manuela. Hier gibt's Kleidung, Schmink- und Verwandlungstipps für den Herrn oder Begleitung für einen Tag.

Das Bahnhofsviertel landet am Anlagenring in einem Spalier von Hochhäusern. Der **Gallileo Art Tower** 3 (► S. 34) der Commerzbank mit seinen schillernden Lichtinstallationen von James Turrell und der Fotoausstellung von Martin Liebscher bereitet diesem flirrenden Viertel ein würdiges Finale.

INFOS/ÖFFNUNGSZEITEN

Hammermuseum 2: Münchener Str. 36, T 069 30 06 52 45 (Führung möglich), Mo–Sa 7.30–18.30 Uhr, Sa 9–13 Uhr
Gallileo Art Tower 3: Kaiserstr. 39
Orange Peel 1: Kaiserstr. 39, www.orange-peel.de, Do–Di, Öffnungszeiten je nach Veranstaltung
Transnormal 1: Baseler Platz 8, www.transnormal.de, Di–Fr 11–18, Sa 11–16 Uhr

KULINARISCHES FÜR ZWISCHENDRIN

Chez Ima 1: Niddastr. 58 (im 25hours Hotel by Levi's), T 069 256 67 72 80 www.imaworld.de, tgl. 7–22.30, Do–Sa 23 Uhr. Aromatisch vielfältige, orientalisch inspirierte Küche
Hafez 2: Baseler Str. 21 (im Hotel Oriental), T 069 23 23 01, www.restaurant-hafez.de, tgl. 11–23 Uhr, Hauptgerichte ab 12 €. Persische Spezialitäten in einem festlichen, etwas kitschigen Rahmen

Cityplan: Karte 2, D/E 6 | U-/**S-Bahn:** U 4/5, S 1–9 (Hauptbahnhof)

#6

Von Mayer Rothschild bis Bubis – **Juden in Frankfurt**

1987 stieß man bei Ausschachtungsarbeiten für den geplanten Bau des Kundenzentrums der Frankfurter Stadtwerke auf Hausfragmente der Judengasse, des ersten und einstmals größten Gettos in Europa. Die damalige Stadtregierung entschloss sich, trotz internationaler Proteste, die Arbeiten fortzusetzen.

War der beabsichtigte Bau nicht eine Geschmacksverletzung ohnegleichen? Die harschen Proteste aus der Bevölkerung fruchteten – halbwegs. Die Stadtwerke wurden gebaut, doch im Erdgeschoss entstand das Museum Judengasse. Denn gerade Frankfurt, die Stadt, in der Anne Frank geboren wurde und bis zu ihrer Flucht nach Amsterdam gemeinsam mit ihrer Familie lebte – das Wohnhaus der Familie liegt an der heute viel befahrenen Hochstraße gegenüber dem

Wach bleiben: An den Außenmauern des Alten Jüdischen Friedhofs erinnern Gedenkplatten an die 11 000 während der NS-Zeit ermordeten jüdischen Frankfurter Bürger.

Hilton-Hotel –, ist ohne jüdisches Leben unvorstellbar. Seit dem 12. Jh. lebten Juden in Frankfurt. Universität und Bibliotheken beruhen auf Schenkungen der Rothschilds, Oppermanns und Goldschmidts. Bedeutende Geistesgrößen jüdischer Herkunft, wie Max Horkheimer, Theodor W. Adorno, Siegfried Kracauer und Walter Benjamin, wurden in Frankfurt geboren oder studierten und arbeiteten hier. Vor dem Zweiten Weltkrieg zählte die jüdische Gemeinde rund 30 000 Mitglieder, 40 Synagogen verteilten sich über die Stadt.

Im Getto

Von 1448 an waren Frankfurter Juden für fast vier Jahrhunderte gezwungen, sich in einem Getto anzusiedeln, das aus einer Gasse von etwa 330 m Länge und 4 m (!) Breite bestand, die sich vom Allerheiligentor bis zum Börneplatz zog. Nach Einbruch der Dunkelheit, an Sonntagen und christlichen Feiertagen wurden die Tore verschlossen. Die hygienischen Verhältnisse waren katastrophal. 195 Häuser zählte die Judengasse, in jedem der Gebäude wohnten mindestens 20 Personen. Der Friedhof schloss sich an.

Als der Zwang, hinter Gettomauern zu leben, gefallen war, ließen sich viele Juden im Ostend nieder. Gegen Ende des 19. Jh. lebten in dem Viertel rund um das Uhrtürmchen etwa 80 Prozent der Frankfurter Juden, die ein Fünftel der gesamten Einwohnerschaft stellten.

Das **Museum Judengasse** 1 dokumentiert das Alltagsleben anhand von einigen wenigen Exponaten, die nicht alle aus Frankfurt stammen. Aber wie sollten sie auch? Es wendet sich mit seinem ausgefeilten didaktischen Konzept auch an Kinder und Jugendliche. An mehreren Orten kann man sich erzählte Geschichte anhören, Anekdoten, Alltägliches und spannend aufbereitete historische Überblicke. Kostbar verzierte Chanukkas, samtene Kopfbedeckungen und wunderbare Thoren werden in besonders ausgeleuchteten Vitrinen präsentiert.

Der Höhepunkt ist zweifellos das Museum in situ, um das damals so gestritten wurde: Von einer Galerie aus betrachtet man den durch Glasplatten geschützten Teil der Mauerfragmente der Judengasse, Reste einer Mikwe, Teile der Synagoge und Wohnstuben. Wenn man hinabsteigt und sich

D
DENKEN

Es passiert oft, dass ich als Frankfurterin auf die Skyline angesprochen werde, aber auf die **Frankfurter Schule?** Da geben wir jetzt mal Nachhilfe: 1924 gegründet, war sie links, philosophisch-gesellschaftskritisch und hat scheinbar zeitlose Denkmuster formuliert. Begründet wurde sie von den bedeutendsten jüdischen Intellektuellen ihrer Zeit: Max Horkheimer, Theodor Wiesengrund Adorno, Leo Löwenthal und Herbert Marcuse. Zu ihren Mitstreitern gehörten Walter Benjamin und Erich Fromm. Das Standardwerk »Dialektik der Aufklärung« verleiht heute noch Denkimpulse. 1930 wurde in Frankfurt das Institut für Sozialforschung ins Leben gerufen, doch sofort nach der Machtergreifung der Nazis nach Genf, später in die USA transferiert. 1950 kehrten Horkheimer und Adorno zurück und bauten es wieder auf.

zwischen den Mauern bewegt, wird einem restlos klar, wie unglaublich beengt die Juden über Jahrhunderte hinweg zu leben verurteilt waren.

Ort des Erkennens

Im Museum Judengasse wird der Schlüssel zum angrenzenden **Alten Jüdischen Friedhof** 2 aufbewahrt. Hinter hohen bemoosten Mauern verborgen, wurde er von 1270 bis 1828 für Bestattungen genutzt. Er liegt am Südausgang des ehemaligen Gettos und ist mit seinen vielen rekonstruierten Grabsteinen einer der ältesten und beeindruckendsten der Welt, ähnlich wie jener in Prag.

Das 12 000 m² große Areal liegt unter hohen alten Bäumen. Ein Großteil der 6500 Grabplatten wurde während der Nazi-Herrschaft zerstört. In der Mitte erhebt sich ein Hügel aus Steinbrocken, die von den zertrümmerten Grabplatten stammen. Die Inschriften der Platten sind mit ornamentalem Schmuck versehen. Symbole in den Schlusssteinen geben Auskunft über den Stammbaum oder das Wohnhaus, so z. B. Krug, Schuh, Kanne, Schild, Mond oder Widder. Das Zeichen für Frauen war die Menorah, der siebenarmige Leuchter.

Stählerne Gedächtnisplatten mit den Namen der 11 000 in Konzentrationslagern ermordeten jüdischen Frankfurter, darunter Anne Frank, sind an den Außenseiten der Mauern eingelassen. An sie erinnert auch eine **Gedenkstätte** auf dem Börneplatz (ehemals der Markt im Getto): ein Kubus, der aus Hausfragmenten der Judengasse besteht. Ein ins Pflaster eingelassenes Edelstahlband markiert den Standort der Kompostellhof-Synagoge.

Ü
ÜBRIGENS

Im Süden des Hauptfriedhofs im Nordend wurde 1826 der **Jüdische Friedhof** (🗺 G 6) eingerichtet. Dort kann man die Grabstätten der bedeutendsten jüdischen Familien Frankfurts besuchen. Die der Familie Rothschild findet man, wenn man vom Eingang an der Rat-Beil-Straße 10 vorn gleich nach links geht.

U 5 Deutsche Nationalbibliothek, Okt.–März So–Do 7–16, Fr 7–15, April–Sept. So–Do 7–19, Fr 7–18 Uhr

Das Leben triumphiert

Mit dem Leben der Juden im Ostend beschäftigt sich eine bedenkenswerte Ausstellung – ausgerechnet in einem **Nazi-Luftschutzbunker** 3, der auf den Fundamenten der 1938 zerstörten Hauptsynagoge an der Hanauer Landstraße errichtet wurde. Der Ort ist bewusst gewählt. Chaim, das Leben, triumphiert über Hass und millionenfachen Mord. Anhand von Dokumenten, Fotos und Briefen ersteht vor unseren Augen der jüdische Alltag neu, blicken wir in Gesichter, sehen Straßenzüge, Gebäude, Schulen, Werkstätten, Krankenhäuser, Theaterprogramme, Reklame, alles, was das Leben damals geprägt hat. Absolut berührend.

UM DIE ECKE

Das **Ignatz-Bubis-Kulturzentrum** 4 in der Savignystraße sieht sicher viele Besucher, aber das ist alles nichts gegen das, wenn an einem Wochenende Mitte November der WIZO Basar stattfindet! Niemand, der nicht mit zufriedenem Gesicht tütenbeladen aus dem Haus zieht. Der Basar der Zionistischen Frauenvereinigung ist ein Spektakel mit hervorragend bestückter Tombola, Lesungen und Verkaufs- und Secondhand-Ständen vom Feinsten. Im Erdgeschoss begegnen sich Orient und Okzident, vom Apfelstrudel bis zum Hummus reicht das Buffet-Angebot. Mit Spenden und Verkaufserlösen werden soziale Projekte in Israel unterstützt.

INFOS/ÖFFNUNGSZEITEN

Museum Judengasse 1: Battonnstr. 47, Kurt-Schumacher-Str. 10, T 069 21 23 50 00, www.museumjudengasse.de, Di 10–20, Mi–So 10–18 Uhr, 6/3 €

Alter jüdischer Friedhof 2: Battonnstr. 2/Ecke Börneplatz. Der Schlüssel für einen Besuch ist im Museum Judengasse zu haben (gegen Hinterlegung des Personalausweises). Oft wird man dann auch begleitet.

Ehemaliger Luftschutzbunker 3: »Ostend – Blick in ein jüdisches Viertel«, Friedberger Anlage 5/6, März–Nov. So 11–14 Uhr, Führung um 11.30 Uhr, 2 €

Ignatz-Bubis-Kulturzentrum 4: Savignystr. 66 (Karte 2, D 5), Westend, www.jg-ffm.de. Im Restaurant **Sohar** 1 (T 069 75 23 41, sohars-restaurant.com) essen Sie »glatt kosher«.

Jüdisches Museum 5: www.juedischesmuseum.de, bis 2018 geschl.

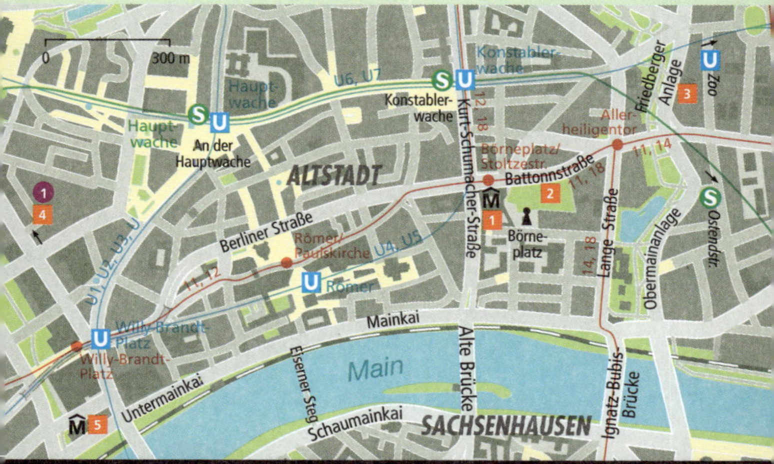

Cityplan: E–H 5/6 | **U-/S-Bahn:** U 6, U 7 (Zoo), S 1–6, 8, 9 (Ostendstraße) | **Tram:** 11, 14 (Allerheiligentor)

#7

Sehen, flanieren, leben – **am Main hibbdebach**

An der Seine kann man sonnenbaden, am Manzanares Fahrrad fahren, an der Themse Cocktails schlürfen. Und am Main? Kann man das alles auch! Frankfurt hat jetzt das vermutlich schönste Flussufer in ganz Deutschland.

So friedlich: Das Mainufer liefert einen super Kontrast zur lauten Innenstadt.

Parks, ein Schauplatz für neues Theater und Sinfoniekonzerte, Cafés, Pop-up-Bars und einfach Grün zum Draufsetzen, Picknicken, zum selbst gemachten Candlelight-Dinner, dazu zwei Häfen, der eine Industrie, der andere Jacht: Viel abwechslungsreicher geht's kaum. Die Mainufer-Route beginnt dort, wo sich früher ein Industriegebiet ausdehnte, im über 100 Jahre alten **Osthafen.** Er und die angrenzenden Gebiete sind immer noch ziemlich ungeschminkt, und das in unmittelbarer Nähe zur glitzernden EZB (► S. 59): Frankfurter Kontras-

te eben. Vor dem Hintergrund der Lagergebäude wölbt sich die alte **Honsellbrücke** weiß leuchtend. In einem der Brückenpfeiler zeigt der **Kunstverein Familie Montez** 1 Ausstellungen, kocht aber auch schon mal Kaffee. Das ist kongenial, fabrikmäßig rau und schön.

Büchertempel und Bilderhaus

Frankfurt als Buchmessenstadt braucht einen repräsentativen Rahmen: Mit einer prächtig weißen Freitreppe und einem Säulenportal sieht das **Literaturhaus** 2 aus wie ein Tempel. Die Fassade ist klassizistisch und verschönerte schon 1825 die Stadtbibliothek.

An der Ecke Schöne Aussicht/Kurt-Schumacher-Straße überspannt die **Alte Brücke** 3 den Main. Seit Anfang des 13. Jh. verbindet sie die beiden Flussufer und ist damit die älteste Mainbrücke Frankfurts. Ein spitzgiebeliges Brückenhäuschen wacht auf der Maininsel gleich westlich neben der Alten Brücke – der Christoph Mäckler entworfene **Portikus** 4, der dem Städel zugeordnet ist. In dem Häuschen stellen zeitgenössische Künstler aus. Tipp: Die Vernissagen des Portikus zählen zu den beliebtesten Kunst-Terminen.

Elch im Trenchcoat

Die Szene weitet sich etwas in den Weckmarkt hinein. Da steht dann da ein Elch im Trenchcoat vor einem spätgotischen Haus mit zweigeschossigen Ecktürmen und hohem Walmdach und weist auf eines der lustigsten Museen der Stadt hin, das **Caricatura-Museum** 5. Sieben Jahrhunderte ist das ›Leinwandhaus‹ alt, das die Stadt im 14. Jh. während der Messezeiten den Leinwandhändlern zur Verfügung stellte. Heute logieren hier superwitzige Exponate von Hans Traxler, F. K. Waechter, Robert Gernhardt und Chlodwig Poth.

Es folgt das Wahrzeichen der Stadt, der **Eiserne Steg** 6, eine neogotische Stahlkonstruktion (1868), deren Balken Fachwerk imitieren und heute vollgeladen sind mit Liebesschlössern. Der spätmittelalterliche **Rententurm** 7 ist der nächste Hingucker auf unserem Spaziergang und heute Teil des **Historischen Museums** (▶ S. 22). Ein paar Schritte weiter ist eins der schönsten Beispiele mittelrheinischer Gotik seit Jahren mit Planen verhängt. Lange dauert schon die Restaurierung der

B
BÜCHER FEIERN

Lust auf Party? Unbedingt vormerken: die Feste zum 1. Mai und zum Abschluss der Buchmesse im Oktober im **Literaturhaus.** Es legen Verlagslektoren auf, Illustratoren, Grafiker, Mitarbeiter des Literaturhauses, und das ist – je nach DJ-Eignung des jeweiligen – wahnsinnig toll oder richtig schaurig. Aber immer total lustig.

R
RELAX

Der Platz, der in die Kurt-Schumacher-Straße übergeht, heißt ziemlich euphemistisch **Fischerplätzchen**, aber keiner nennt es eigentlich so. Kein Wunder, Fischer haben am Main längst ausgedient. Es ist eine ziemlich laute und große Straßenkreuzung, an der heldenhaft einige sehr nette Cafés die Stellung halten. Und sogar einer der ältesten Italiener der Stadt, **Salvatore.** (Schöne Aussicht 16). Dass er sich an diesem keineswegs begnadeten Ort mit einer winzigen, von Kübelpflanzen umstandenen Terrasse 40 Jahre lang gehalten hat, kann nur ein Zeichen purer italienischer Gastfreundschaft sein.

Leonhardskirche 8 (erbaut ab 1220) an. Jakobspilger starten unter dem romanischen Sandsteinrelief des hl. Jakob auf der Muschel.

Das ›Gerippte‹ zum Schluss

Warum das **Nizza** 9 Nizza heißt? Es ist hier so warm wie in der südfranzösischen Stadt, zumindest fast und fast immer. Das Nizza wurde 1858 vom Stadtgärtner Sebastian Rinz als Ergänzung zu den Wallanlagen angelegt. So entstand auf 4,4 ha der erste öffentliche Park mit mediterranen Pflanzen nördlich der Alpen. Knalliger Endpunkt des Spaziergangs: der dunkelgrüne **Westhafen Tower** 10. Die Ähnlichkeit seiner in Rauten gegliederten Glasfassade mit einem Apfelweinglas finden Frankfurter höchst erfreulich.

INFOS/ÖFFNUNGSZEITEN

Kunstverein Familie Montez 1: Honsellstr. 7, www.kvfm.de, Mi–Fr 14–18, Sa/So 13–19 Uhr
Literaturhaus 2: Schöne Aussicht 2, www.literaturhaus-frankfurt.de, Mo–Fr 12–1, Sa 18–1 Uhr
Portikus 4: Alte Brücke 2, T 069 962 44 54, www.portikus.de, Di–So 11–18, Mi 11–20 Uhr
Caricatura Museum 5: Weckmarkt 17, T 069 21 23 01 61, www.caricatura-museum.de, Di–So 11–18, Mi 11– 21 Uhr, 6 €
Leonhardskirche 8: wegen Restaurierung vorläufig geschl.
Goethehaus 11: ► S. 83

KULINARISCHES FÜR ZWISCHENDRIN

Sugar Mama 1: Kurt-Schumacher-Str. 2, So–Do 11–21, Fr/Sa 11–23 Uhr. Hausgemachte Limonaden, Kuchen, Quiches, freundlicher Service
Moloko 2: Kurt-Schumacher-Str. 1, www.moloko-am-meer.de, Mo–Do 17–1, Fr 17–2, Sa 10–2, So 10–1 Uhr. Hippe, ungezwungene Cafébar
Restaurant Goldmund 3: im Literaturhaus, www.gold-mund.de, Mo–Fr 11–24, Sa 18–24 Uhr. Edler Bistro-Stil, mit Sommergarten

Cityplan: D–H 6/7 | **S-Bahn**: S 1–6, 8, 9 (Ostendstraße)
Tram: 11 (Ostendstraße), 14, 18 (Hospital zum Hl. Geist)

Prächtige Ansichten – **das Museumsufer**

#8

»Kultur für alle!« Mit diesem Verdikt schrieb Hilmar Hoffmann, Frankfurts wirkungsmächtiger Kulturdezernent, in den 1970er-Jahren Geschichte. Schönstes Beispiel seiner Arbeit ist das Museumsufer: Sieben städtische Museen wurden dem Städel am Sachsenhäuser Mainufer zur Seite gestellt, zwei private kommen hinzu.

Fast alle sind untergebracht in Großbürgervillen der Gründerzeit: Ein solches Ufer hat keine andere Stadt der Welt. Flanieren, Museum besuchen, ins Café gehen, auf der Wiese entspannen, sich das nächste Museum ansehen – damit kann man einen erfüllten Tag verbringen. Den Reigen eröffnet das **Ikonenmuseum** 1. Zur Privatsammlung von über 800 russisch-orthodoxen Heiligenbildern, teilweise aus dem 16. Jh., kam die des Museums für Spätantike und Byzantinische Kunst Berlin hinzu. Eine hochinteressante Ausstellung

Ansehen! Ein Museumsufer hat keine andere Stadt!

K
KRIPPE

Wer zur Weihnachtszeit im Ikonenmuseum ist, sollte sich mal die Krippe in der Klosterkirche anschauen. Sie ist zu beiden Seiten des Eingangs auf vier Ebenen aufgebaut: Aus Moos, Holz, Goldpapier, Wurzeln, Samt und Gipsfiguren bildet **Michael Christof** Szenen der Verkündigungsgeschichte und der Adventszeit nach.

In der Ruhe liegt die Kraft – auch im Weltkulturen Museum.

ist damit geschaffen worden, mit Ikonen aus Äthiopien und silbernen Vortragskreuzen. Das Ikonenmuseum befindet sich im mittelalterlichen Deutschordenshaus, einer der frühesten Klostergründungen auf der Sachsenhäuser Uferseite.

Urban Gardening auf dem Dach

Im Metzlerpark thront seit 1985 ein von Richard Meier entworfener Lichtkubus, heute **Museum für Angewandte Kunst** 2. Er setzt die historische Villa Metzler direkt daneben perfekt in Szene. Eine Schau mit Möbeln der 1960er-Jahre-Moderne von Ferdinand Kramer, Picknick-Kultur und die Happy Show des Grafik-Gurus Stefan Sagmeister sind/waren hier zu sehen. Ein Höhepunkt im wahrsten Sinn des Wortes wartet auf dem Dach: Im Projekt Urban Gardening auf der Dachterrasse werden gemeinschaftlich mit Schülergruppen Nutzpflanzen gezogen, die später in Kochworkshops verarbeitet werden.

Die Welt zuhause im Museum

Das **Weltkulturen Museum** 3, das Haus mit der längsten Tradition am Platz, ist in drei Gründerzeitvillen untergebracht, die von einem Garten umschlossen werden. Zum Bestand gehören Skulpturen, Ritualgegenstände, Schmuck, Kopfbedeckungen, Trachten und Haushaltsgegenstände aus Afrika, Südamerika, Ozeanien und Südostasien sowie Europa. Beeindruckend ist auch die Sammlung zeitgenössischer Kunst aus aller Welt. Neben ›professionellen‹ Sammlern haben Botaniker, Zoologen, Missionare und Kolonialbeamte den Schatz des Museums erweitert – ein interessanter Spiegel der Kolonialgeschichte(n).

»And the Oscar goes to ...«

Das auf drei lichtdurchfluteten Stockwerken ausgebreitete **Deutsche Filmmuseum** 4 zeigt Objekte zur Filmgeschichte sowie Arbeitsmittel der Filmproduktion. Die historische Villa am Schaumainkai wurde 1984 umgebaut und 2009 erweitert. Der Bühnenbildner Jan Schublach, der u. a. den Film »Barry Lyndon« von Stanley Kubrick ausgestattet hatte, gestaltete die Ausstellungsflächen. Schublachs Sinn für große Inszenierungen ist besonders im Foyer zu spüren: Hier fesselt eine über alle drei Stockwerke spielende Videoinstallation.

Auf den ersten zwei Etagen erzählen Guckkästen mit Stadtansichten und Genreszenen, Zerrspiegel und Modelle von Panorama-Rundgebäuden, Wundertrommeln und Laterna Magica von den Anfängen der bewegten Bilder. Ein besonderes Highlight ist die Vorführung früher Filmfragmente der Pioniere Méliès. An vielen Stationen kann man sich interaktiv betätigen, was nicht nur Kindern Spaß macht.

INFOS/ÖFFNUNGSZEITEN

Ikonenmuseum 1: Brückenstr. 3–7, T 069 21 23 62 62, www.ikonenmuseum.frankfurt.de, Di–So 10–17, Mi 10–20 Uhr, 4 €; kostenfreie Führungen am 1. Mi des Monats 19 Uhr (nicht in den Schulferien)

Museum Angewandte Kunst 2: Schaumainkai 17, T 069 21 24 45 39, www.museumangewandtekunst.de, Di, Do–So 10–18, Mi 10–20 Uhr, 9 €

Weltkulturen Museum 3: Schaumainkai 29–37, T 069 21 23 15 10, www.weltkulturenmuseum.de, Di–So 11–18, Mi 11–20, Führungen Sa/So 15, Mi 18 Uhr, 7 €

Deutsches Filmmuseum 4: Schaumainkai 41, T 069 961 22 02 20, www.deutsches-filmmuseum.de, Di–So 10–18, Mi 10–20 Uhr, Führung So 15 Uhr, 6 €

Deutsches Architekturmuseum 5: Schaumainkai 43, T 069 21 23 88 44, www.dam-online.de, Di–So 10–18, Mi 10–20, Führungen Sa/So 14 Uhr, 9 €

Museum für Kommunikation 6: Schaumainkai 53, T 069 60 60-0, www.mfk-frankfurt.de, Di–Fr 9–18, Sa/So 11–19 Uhr, 3 €, Führungen Mi 16, So 15 Uhr

Liebieghaus 7: Schaumainkai 71, T 069 650 04 90, www.liebieghaus.de, Di, Mi, Fr–So 10–18, Do 10–21 Uhr, Führungen So 11, Do 19 Uhr, 7 €

KULINARISCHES FÜR ZWISCHENDRIN

Trinca 1: Schweizer Str. 14, Mo–Fr 16–1, Sa/So 11–1 Uhr. Ausgezeichnete Tapas, gepflegtes Bistrot-Ambiente, durchwegs freundliche Service-Kräfte

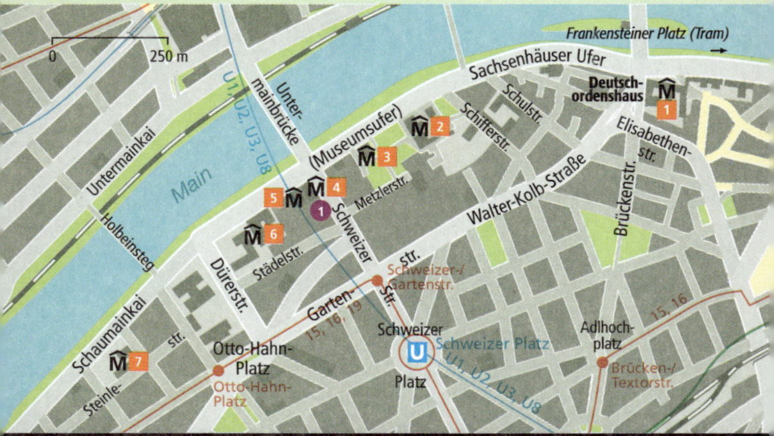

Cityplan: E–G 6/7 | Tram: 14 (Frankensteiner Platz), U1–3, 8 (Schweizer Platz)

D
DÖNER BOOT

Sind Sie zwischen März und Oktober hier? Dann haben Sie echt Glück! In diesem Zeitraum nämlich lagert die ›Istanbul‹ auf dem Main und **Ramiz Meral** verkauft seine unvergleichlichen Sardellen und Doraden aus dem Boot heraus an die Kundschaft, und alle sind begeistert. Mit dem ›Dönerboot‹ – was keines ist, denn hier sind vor allem die Fischgerichte der Renner – hat sich Meral den Traum erfüllt, die Seele der schwimmenden Istanbuler Bootsrestaurants am Bosporus nach Frankfurt zu bringen. Wer schon einmal dort war, erinnert sich gerne an diese malerische Szene unterhalb des Galata-Turms.
In Frankfurt beginnt mittags der Ansturm, und abends ist Meral stets umlagert. Für diese duftende mediterrane Lebenskultur sei gedankt!
Das Boot ankert unterhalb der Alten Brücke.

Wenn Architektur politisch wird

Gleich nebenan liegt das **Deutsche Architekturmuseum** 5 (DAM). 1979 hat Oswald Mathias Ungers aus einer stattlichen Gründerzeitvilla ein Museum im Museum gezaubert – inklusive tief gelegtem Patio-Atrium im Erdgeschoss. Im Erdgeschoss werden Fotoschauen präsentiert. Im zweiten Stockwerk wartet ein besonderer Höhepunkt: Anhand von 25 Modellpanoramen kann der Betrachter die Entwicklung des menschlichen Lebensraums über 400 000 Jahren nachvollziehen: im Forum des von der Lava verschütteten Pompeji etwa und anhand des Modells eines Londoner Armenviertels, das von Gustave Doré erstellt wurde. Und auch die städtebaulichen Veränderungen Frankfurts kommen hier nicht zu kurz.

Das DAM bringt sich immer wieder stark in aktuelle Diskussionen (bezahlbarer Wohnraum, Unterkünfte für Flüchtlinge, nachhaltiges Bauen etc.) ein und hat 2016 den Architektur-Biennale-Pavillon in Venedig gestaltet.

Video-Podcasts in Eigenproduktion

Das offen konzipierte **Museum für Kommunikation** 6 ist ein echter Kinder-Liebling, weil es so viele Möglichkeiten zum Mitmachen bereithält. Außerdem ist es mit der weltweit einzigen offenen Amateurfunkstation ausgestattet. Die von der Deutschen Post betriebene Dauerausstellung zeigt prächtige betagte Telefonapparate, Schreibgeräte, Druckstöcke, Stempel, Postschilder, aber auch Uniformen, Postkarren und Briefkästen. In Workshops kann man Video-Podcasts selbst produzieren.

Ariadne thront auf dem Panther

Das **Liebieghaus** 7, ein wilder Stilmix von 1896, geht auf den eklektistischen Geschmack des einstigen Besitzers, des Textilfabrikanten Heinrich von Liebieg, zurück. Schon 1909 wurde darin eine Skulpturengalerie eröffnet. Die über 3000 Exponate umfassende Liebieghaus Skulpturensammlung streift durch 5000 Jahre Bildhauerei-Geschichte. Am berühmtesten ist wohl die »Ariadne auf dem Panther« von Heinrich von Dannecker, die so berühmt ist, dass sogar eine Frankfurter Wurst nach ihr benannt wurde: »die extrafeine Frankfurter Wurst Marke Ariadne«. Es gab sie aber auch in Marzipan …

Die Spitze des Bilderbergs – **das Städel**

9

Es genießt Weltruhm. Das Städelsche Kunstinstitut, kurz Städel, ging Mitte des 19. Jh. aus einer Bürgerstiftung hervor. Wer jenseits des prachtvollen Museumsgebäudes blickt, wird lauter ulkige weiße Glaskuppeln im grünen Rasen wahrnehmen – die Lichtquellen für den spektakulären, unterirdischen Neubau voller zeitgenössischer Kunst.

Der Frankfurter Kaufmann und Bankier Johann Friedrich Städel legte mit der Stiftung seiner umfangreichen Sammlung nach seinem Tod 1816 dabei nicht nur den Grundstein für eines der bedeutendsten Museen Deutschlands, sondern verfolgte auch das Ziel, das künstlerische Leben in Frankfurt aufzubauen – mittels eines Lehrinstituts, der renommierten Städelschule, die das gesellschaftliche Leben Frankfurts bis heute wirkungsvoll prägt.

Sieht aus wie eine Landefläche für? Sieht aus wie eine Installation von? Sieht aus wie?

G
GELBE FÜSSE

Die Finanzierung der Städel-Erweiterung inszenierte Ex-Museumsdirektor Max Hollein als Happening: Unterstützer konnten gelbe Gummistiefel mit dem Logo des Städel kaufen. Die Marketing-Idee wurde zum Selbstläufer: Wer was auf sich hielt, trug Gelb an den Füßen. Das passt gut zu den Anfängen. Denn nicht Fürsten oder Könige finanzierten die Gemäldesammlung wie üblich, sondern Bürger.

Und auch wir in Arkadien

Im ersten Stock wartet gleich hinter der Glastür das berühmte Gemälde von **Johann Heinrich Wilhelm Tischbein,** »Goethe in der römischen Campagna« (1787). Um den sitzenden Dichter breitet sich eine idealisierte antike Landschaft aus – »Iphigenie auf Tauris« erkennt man als Zitat auf einem Fresko. Gerahmt wird das Gemälde von arkadischen Landschaftsbildern.

Der folgende Saal ist den **Impressionisten** gewidmet, u. a. Bildern von **Auguste Renoir** (»Nach dem Mittagessen«), Manet, Monet und van Gogh. In den Kabinetten auf der rechten Seite hängen Arbeiten von **Karl Schmidt-Rottluff, August Macke**, **Franz Marc** und vor allem **Ernst Ludwig Kirchner** (»Stehender Akt mit Hut«). Die Kabinette auf der linken Seite zeigen Bilder der **Symbolisten,** von **Lovis Corinth** (»Carmencita«), **Ferdinand Hodler** und **Max Liebermann** (»Samson und Delila«) und **Max Beckmann.**

C
CANETTI SINNT

Dem »Julius II.« gegenüber, am anderen Ende der Säle und durch eine freie Blickachse in Dialog gestellt, hängt **Rembrandts** »Die Blendung Simsons«, das Gemälde, vor dem der Schriftsteller **Elias Canetti** ganze Tage verbracht hat.

Simonetta ist die Schönste

Im zweiten Stock verblüfft als Erstes an der Flurwand die sogenannte Petersburger Hängung. Allesamt stammen sie aus dem Fundus des Stifters Johann Friedrich Städel. Hier charakterisieren unterschiedliche Wandfarben die Herkunftsländer der Gemälde: Blau für die Niederlande gleich im ersten Saal, in dem das bedeutendste Gemälde, **Jan van Eycks** liebliche »Lucca-Madonna«, fast versteckt links neben den Flémaller Altarbildern hängt. Die sich links anschließenden Säle und Kabinette sind rot gehalten – Italien! Die italienische Renaissance ist mit **Sandro Botticelli** (»Weibliches Idealbildnis Simonetta Vespucci«) und mit **Tiepolo** vertreten, ein Gemälde wird Perugino wie Rafael zugeschrieben: die »Madonna mit Kind und Johannesknaben«. Stolz des Städels ist der vorläufig **Rafael** zugewiesene »Julius II.«, der die Rückwand des äußersten linken Saals einnimmt. Links daneben sehen wir **Bartolomeo Venetos** »Idealbildnis einer Kurtisane als Flora«, ein Gemälde, als dessen Modell oft Lucrezia Borgia genannt wird, und **Tizians** kleines »Bildnis eines jungen Mannes«. Rechts vom Eingangsaal geht es ins ›grüne‹ Deutschland mit dem Bildnis einer Venus von **Lucas Cranach d. Ä.** und außergewöhnlichen Werken von **Hans Holbein** und **Albrecht Dürer.**

Zeitgenössische Kunst

Die Ausstellunghalle im Untergeschoss ist architektonisch eine kleine Sensation: Sie misst fast 3000 m², wird durch nur zwölf Säulen gestützt und über kreisförmige Oberlichter erhellt. Eine Treppe führt ins Metzler-Foyer hinunter, das mit einer Spiegelinstallation von **John Armleder** geschmückt ist, darauf zu sehen: zwei Fotoarbeiten von **Wolfgang Tillmans.** Im Stockwerk darunter nimmt **Andy Warhols** Goethe-Porträt das von Tischbein als Vorlage.

Die größte Strahlkraft geht im Erweiterungsbau wohl von den Arbeiten **Gerhard Richters, Anselm Kiefers** und **Martin Kippenbergers** aus. Doch berühren auch die **Kunstwerke aus den 1950er- und 1960er-Jahren.** Impulse setzte in dieser Zeit die Debatte um das Verdikt von Theodor W. Adorno, ein Gedicht nach Auschwitz zu schreiben sei barbarisch, also um die Frage, ob und wie man nach den Gräueln der Nazi-Herrschaft weiter Kunst machen könne.

Gleich rechter Hand sieht man kleine Formate von Vasarely, links hängt das berühmte Gemälde von **Francis Bacon** »Study for the Nurse in the Battleship Potemkin« zusammen mit Werken von **Alberto Giacometti.**

V
VERSTECKT

Da der gesamte Erweiterungsbau des Städel-Museums im Innenhof unter dem Rasen liegt, wirkt er von außen wie eine Lichtinstallation: Man sieht nur einen Grashügel mit weiß leuchtenden Kreisen.

INFOS/ÖFFNUNGSZEITEN

Städel 1: Schaumainkai 63, T 069 605 09 80, www.staedelmuseum.de, Di/Mi, Sa/So 10–18, Do/Fr 10–21 Uhr, 14 €, Führung Mi 18.30 Uhr, weitere Führungen s. Website

KULINARISCHES FÜR ZWISCHENDRIN

Holbein's 1: Holbeinstr. 1, T 069 66 05 66 66, www.meyer-frankfurt.de, Mo 18–24, Di–So 10–24 Uhr, 4-Gänge-Menü 64 €, Tageskarte. Der über Sachsenhausen bekannte Metzger Meyer betreibt neben dem Städel-Eingang ein elegantes Restaurant mit ausgezeichneter Küche. Das **Museumscafé** ist leider nicht die Zierde, die es sein könnte, denn es wird als bessere Kuchen-und Sandwich-Theke umgeben vom Museumsshop. Wobei weder gegen den Laden noch gegen den Kuchen etwas einzuwenden wäre.

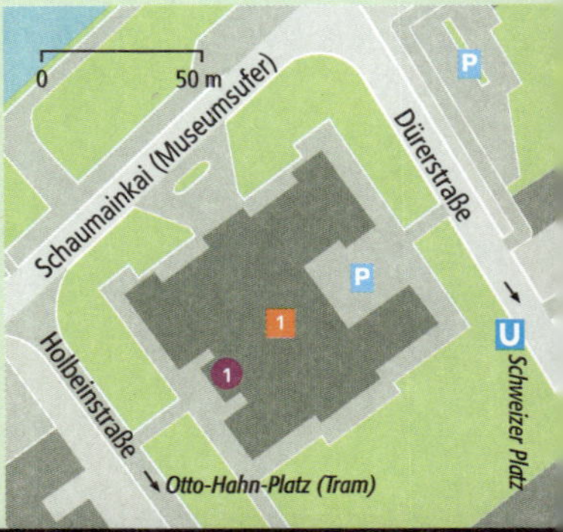

Cityplan: E/F 7 | **U-Bahn:** U1–3, 8 (Schweizer Platz)
Tram: 15, 16, 19 (Otto-Hahn-Platz)

10

Klamotten, Kneipen, Wald, Goethe – **Sachsenhausen**

Das beschauliche Sachsenhausen am anderen Mainufer hat ein buntes Antlitz: Traditionell ein Hort alteingesessener Apfelweinwirtschaften und eleganter Villenstraßen, polieren innovative Wohnquartiere am Fluss und die kreativ-witzige Designmeile in der Brückenstraße das Viertel ›hibbdebach‹ ordentlich auf.

Bitte angewöhnen! Apfelwein trinken ist gesund, macht gesellig und schmeckt! Wie hier in der Traditionsgaststätte Dauth-Schneider in Alt-Sachsenhausen

Wenn man etwas Neues macht, dann muss man es auch benennen. Und so wuchsen vor den staunenden Augen der alteingeplackten Sachsenhäuser mit dem **Quartier Deutschherrnufer** 1 auf dem ehemaligen Gelände des Schlachthofs, nur einen Schritt vom Mainufer entfernt, schicke Wohntürme aus dem Boden. Solitäre nennt man die frei stehenden Häuser aus Stein, Holz und

Glas, die ein bisschen so wirken wie überdimensionale Setzkästen, jedes anders und jedes auch mischbewohnt. Sie waren die Pioniere des Wohnen am Fluss, der Einbeziehung des Mainufers in den urbanen Raum. Zum Quartier gehört das Hotel **Main Plaza** 1 am Walther-von-Cronberg-Platz mit seinen deutliche Anleihen bei den New Yorker Wolkenkratzern der 1930er-Jahre: backsteinbraun, gestufter Turm, goldene Zacken, einfach bildschön. Zu seinen Füßen lagert das ›Florentinische Viertel‹, **Trapezio Fiorentino** 2, aber dieses Etikett für ein bisschen Bogenfensterschick wirkt ziemlich weither geholt.

Ritterlich

Das legendäre Apfelweinviertel Alt-Sachsenhausen macht sich in einem der ältesten Stadtteile Frankfurts breit – wie alt, das lässt sich an den Straßennamen Kleine und Große Rittergasse ablesen. Ja, hier haben die Ritter gewohnt, auch Walther von Cronberg war einer von ihnen. Sachsenhausen wird erstmalig im Jahr 1193 erwähnt. Beamte (Ministerialien) im Dienste des Königs ließen sich an diesem Mainufer nieder. Und es haben tatsächlich einige Bauten aus dem 15. Jh. überlebt, samt rekonstruiertem Fachwerk und Mainsandstein-Einfassungen.

An der Ecke Dreieichstraße/Klappergasse, einem der beiden Eingänge zum malerischen Gassengewirr, sehen Sie eine der urigsten Apfelweinschenken des Viertels, **Zu den drei Steubern** 1.

Ob Alt-Sachsenhausen heute wirklich nur Partymeile für Suffeulen und Abzocke ist, überzeugen Sie sich selbst! Tatsache ist, dass es hier die traditionellsten Apfelweinkneipen der Stadt gibt, und die alten Fachwerkhäuser schmiegen sich so niedlich auf die buckligen Pflastersteine, alles ist derart auf Lokalkolorit getrimmt, dass nur Herzlose das Viertel kitschig finden können. Ins Pflaster sind goldene Äpfelchen eingelassen.

Sachsenhausen cool?

Derzeit wird das ganze Viertel aufgehübscht. Der **Club Ponyhof** hat angefangen mit dieser Neu-Definition. »Gott schütze dieses Haus vor Not und Feuer, vor der Stadtverwaltung und der Steuer!« entziffert man entzückt in einem Fachwerkholzbalken von 1786, der den Ponyhof stützt.

Hat sich Johann Wolfgang von Goethe von der Sage des Brickegickel inspirieren lassen? Was hat der Teufelspakt im »Faust« mit der Alten Brücke zu tun? In einer alten Geschichte wird erzählt, dass der Baumeister der Alten Brücke sein Werk nicht rechtzeitig fertigstellen konnte, und so bat er den Teufel um Hilfe. Der gewährte sie ihm unter der Maßgabe, dass das erste Lebewesen, welches die fertige Brücke kreuzen würde, ihm gehöre. Der findige Baumeister schickte einen Hahn über die Brücke. Der hat diesen Spaziergang erwartungsgemäß nicht überlebt. Seit 1405 schmückt sein Abbild die Alte Brücke – und ab 2018 auch noch frisch vergoldet.

Ichwareindirndl macht Mode aus Stoffen, die mal ein Dirndl waren – und die ist ganz schnell weg!

A ALT-SACHS

Das Apfelweinviertel will sich ja neu erfinden, und erfunden hat es den **Freitagstreff Alt-Sachs** auf dem Paradiesplatz. Kein typischer Obst-und Gemüsemarkt ist das, sondern eher etwas Feineres, aber auch mit Apfelwein. Ob das jetzt gutgeht, wird sich zeigen, auf alle Fälle will man dem überlaufenen Freitagsmarkt auf dem Friedberger Platz als Party-Location Konkurrenz machen.
facebook.com/paradiesplatz, Fr ab 16 Uhr

Die Ardinast-Brüder (► S. 38) zogen nach und eröffneten mit Steen Rothenberger die quietschbunte Ritterburg-Pop-up-Weinbar **Showmanship** 2 in der Paradiesgasse. Der hat in der Kleinen Rittergasse mit **Der kleine Mann mit dem Blitz** 3 eine Multi-Location erfunden: Atelier, Bar, Kelterei, Ideenwerkstatt, Küche in einem. Und er führt mit dem **Libertine Lindenberg** 2 (► S. 89) das coolste Hotel der Gegend.

In der **Klappergasse** findet man eines der ältesten Fachwerkhäuser Sachsenhausens, das **Steinerne Haus** von 1450 mit der Kneipe **Kleine Hölle** 4. Schräg gegenüber steht die Ikone des Viertels, die **Frau Rauscher von der Klappergass'** 3, in einem populären Mundartgedicht besungen und in Bronze gegossen.

Im Brunnenviertel

Die Gässchen werden schmaler, die Dachschindeln verwitterter, die Frequenz der spätmittelalterlichen Sandsteinbrunnen nimmt zu: Sachsenhausen ist das Brunnenviertel Frankfurts. Ein Hauch von Apfelwein und mittelalterlicher Feuchtigkeit setzt die heimeligen Akzente.

Als die Stadtmauer noch existierte, diente das **Affentor** 4 als südliches Eingangstor zur Stadt. Später wurde es durch zwei klassizistische Bauwerke ersetzt. Im spätmittelalterlichen **Kuhhirtenturm** 5 an der Großen Rittergasse 118, einem Überbleibsel der alten Stadtmauer von 1490, wohnte der Komponist Paul Hindemith von 1923 bis 1927. Das Haus, das man lange für das älteste in Deutschland hielt, steht in der **Schellgasse 8** 6 – seine Fachwerkbalken datiert man ins Jahr 1291.

Design-Hype

Jenseits der Wallstraße öffnet sich das Brückenviertel. Der Hype begann so wie immer: In der **Brückenstraße** waren die Ladenmieten niedrig, die kleinen Ladenlokale hatten teilweise nicht mal eine Heizung, also mieteten sich junge Designer ein und verwandelten sie in Winz-Showrooms. Damals entstand die Modemesse ›Stilblüten‹, die die ansässigen Labels in dem rumpeligen Hinterhofgebäude der **Schulstraße 1** 7 abhielten. Und plötzlich gab es in der verträumten Brückenstraße nicht mehr nur das portugiesische Feinkostgeschäft und die tolle **Bäckerei Hanss** 1 (Nr. 56), sondern kleine Showrooms, Kreativläden, Mode. Dieser Hype schwappt nun in die **Wallstraße** hinein und wird irgendwie immer mainstreamiger. Das Szenelokal **Safran und Sauerkraut** 1 neben dem Waschsalon – das ist die normale, bedauerliche Entwicklung, aber ein paar Gründer der ersten Stunde haben standgehalten, wie etwa **Goyagoya** im Geschäft **Freud** 2 (Brückenstr. 42), **Ichwareindirndl** 3 (Brückenstr. 52) und **Charlotte am Main/Frank Harling** 4 (Wallstr. 26).

Schellgasse 8

Die Brückenstraße wird durch die grüne Oase des **›Alten Friedhof‹** 8 unterbrochen, wo sich von 1320 an tatsächlich mal ein Friedhof befand. Heute ist hier ein hübscher Spielplatz. Die Häuserzeilen, die ihn umgeben, sind ein Paradebeispiel für echtes Sachsenhäuser Großbürger-Stilempfinden. Über die ruhige **Gutzkow-Straße** kommt man zum **Schweizer Platz** und zur eleganten **Schweizer Straße.**

INFOS/ÖFFNUNGSZEITEN

Hindemith-Kabinett 5: im Kuhhirtenturm, www.hindemith.info/kabinett, So 11–18 Uhr und n. V., 3 €

Zu den drei Steubern 1: Dreieichstr. 28, T 069 62 22 29, Di–Fr 17–1 Uhr

Showmanship 2: Paradiesgasse 17, T 069 767 57 92 22, www.imaworld.de, nur Do/Fr geöffnet

Der kleine Mann mit dem Blitz 3: Kleine Rittergasse 11, T 0159 04 51 75 37, www.mannmitblitz.de

Kleine Hölle 4: Klappergasse 3, www.kleinehoelle.eu, Di–Sa ab 18 Uhr

EINKAUFEN

Nuuna 5: Brückenstr. 66, www.nuuna.com, Do–Sa 11–19 Uhr. Allein wegen der wunderbaren Notizbücher möchte man wieder anfangen zu schreiben …

KULINARISCHES FÜR ZWISCHENDRIN

Safran und Sauerkraut 1: Wallstr. 6, T 069 17 42 88 80

Atelier des Tartes 2: Kleine Brückenstr. 3, Di–Sa 11–19 Uhr. Süße, mittags herzhafte Tartes und *crumbles*. In dem handtuchschmalen Bistrot sitzt man eng beieinander wie die Hühner auf der Stange – nett.

Cityplan: F–H 6/7 | Tram: 14, 18 (Frankensteiner Platz)

11

Arm und Geld als Nachbarn – **das Ostend**

Das Ostend ist aktuell das sich am rasantesten verändernde Viertel Frankfurts. Noch haben aber Arbeiterkneipen und einfache Kantinen neben dem glitzernden Turm der Europäischen Zentralbank und den Designläden Bestand. Wie lange noch?

Der Frankfurter Osten ist nicht alt. Zwischen 1908 und 1912 wurde hier das bedeutendste Großprojekt des Kaiserreichs verwirklicht: der Osthafen mit seiner revolutionären Verzahnung von Arbeiten und Wohnen. Apfelweinkeltereien, Seifensiedereien, weiterverarbeitende Betriebe in der Metall-, Leder-, Textil- und Schmuckindustrie siedelten sich an, eine Keksfabrik, eine Molkerei und

Alles neu: Hafenpark und Glitzerturm der EZB. Ein Stadtteil wird umdefiniert.

Werkstätten entstanden in den Hinterhöfen der Wohnhäuser. Die Firma Holzmann eröffnete eine Holzschneiderei am damals unbebauten Mainufer. Prunkstück des Reviers war die 1928 eingeweihte Großmarkthalle, mit deren kathedralenhafter Konstruktion der Architekt Martin Elsässer den Marktarbeitern ein Denkmal setzen wollte. Davor war das Viertel jüdisch geprägt, denn nach dem Fall des Gettos (▶ S. 41) siedelten sich zahlreiche jüdische Familien hier an.

Doch in dem Maße, wie der Industriestandort Frankfurt an Bedeutung einbüßte und der Dienstleistungssektor wichtigster Arbeitgeber wurde, geriet auch das Ostend ins Abseits. Erst seit Ende der 1980er-Jahre begannen sich Kreative in den Hinterhöfen einzumieten. Sven Väths legendärer **Cocoon Club** im so genannten Ufo-Gebäude eröffnete 2004. Es folgte eine Umwandlung des Viertels, die durch den Umzug der Europäischen Zentralbank (EZB) auf das Gelände der Großmarkthalle 2015 besiegelt wurde.

Am rückwärtigen Ausgang der U-Bahnstation **Ostbahnhof** 1 und in seiner Umgebung spürt man noch den Charakter des alten Ostends. Das Bahnhäuschen – heute Endhaltestelle der U 6 – war früher nicht gerade unwichtig, fuhren hier doch die Züge aus den östlichen Landesteilen ein. Lange galt der **Danziger Platz** im Rücken der Anlage als verwahrloste Einöde, bis im Mai 2013 eine Initiative diesen Platz in einen öffentlichen Nutzgarten, ein Urban-Gardening-Projekt umwandelte, sehr zur Freude der Nachbarschaft.

Doch die weitere Gestaltung ist ungewiss. Baulöcher allerorten. Ein Projekt-Entwickler hat viele Millionen hingeblättert, um ein mit mehreren unter Denkmalschutz stehenden Häusern aus den 1970er-Jahren besetztes Grundstück im Hintergrund zu erwerben. Arbeitersiedlungen werden dort nun bestimmt nicht entstehen.

Glitzerpalast hoch zwei

Der Neubau der **EZB** 2 sieht in diesem Kontext schlicht himmelstürmend aus. Die schillernden Türme des Wiener Architekturbüros Coop Himmelb(l)au scheinen komplett aus Glas und Spiegeln zu bestehen und ein ganz eigenes Licht zu verströmen, stützen sich aber auf eine grundsolide, gleichwohl fantastische Konstruktion

A
ANNA O.

Über diese Dame sollte man mehr wissen: Vor dem Zweiten Weltkrieg konzentrierte sich die jüdische Bevölkerung Frankfurts im Ostend, wo es Krankenhäuser, Schulen und Armenhäuser, hauptsächlich für die durch Pogrome aus ihren östlichen Heimatländern vertriebenen Juden, gab. Die aus Wien stammende **Bertha Pappenheim** (1859–1936) leitete das Israelische Mädchenwaisenheim in der Theobald-Christ-Straße. Sie war eine unermüdliche Kämpferin für die Emanzipation der Frau, wandte sich gegen die Zwangsprostitution mittelloser Jüdinnen und gegen jüdische Mädchenhändler, engagierte sich für Mädchenbildung und für die Wohlfahrtspflege. Darüber hinaus verfasste sie Kinderbücher und Gedichte. Und: Sie war die Anna O. in den »Studien zur Hysterie« von Sigmund Freud.

Eiserner Steg

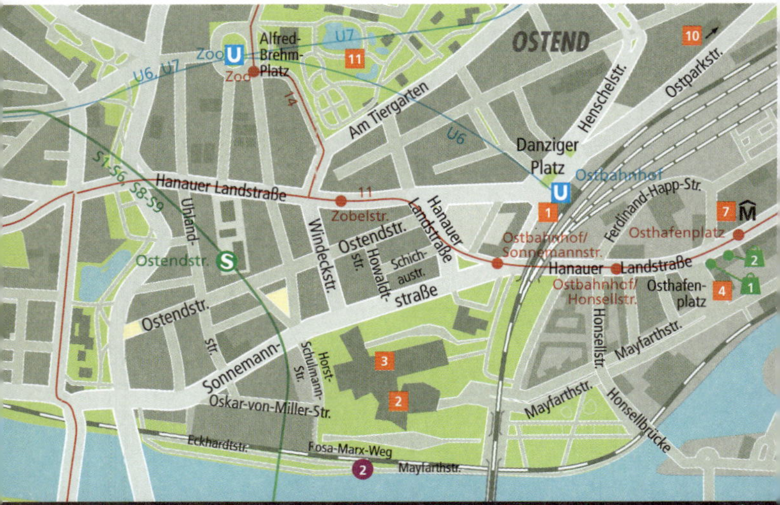

Cityplan: H–L 5/6 | **U-Bahn:** U 6 (Ostbahnhof) Tram: 11 (Ostbahnhof/Sonnemannstraße)

aus Klinkersteinen und Metall, die einen spektakulären Überhang aufweist. Die äußere Form wird innen in geometrischen Formen variiert. Ein transparentes Atrium verbindet sie mit der komplett restaurierten Großmarkthalle.

M MEMOS

Im Keller der Großmarkthalle befand sich die Sammelstelle für den Abtransport der jüdischen Bevölkerung während des Nazi-Regimes. Gleichzeitig mit dem Bau der Europäischen Zentralbank entstand dazu eine bewegende **Gedenkstätte,** eine gesonderte Führung zum Thema bietet das Jüdische Museum an. Außerhalb der EZB setzt sich das Erinnern fort. Auf dem **Philipp-Holzmann-Damm** wurden Zitate von den Gefangenen in den Boden eingelassen und ein Teil der Gleise konserviert.

Neue Kunst fürs ›Neue‹ Frankfurt

Um diese Umnutzung der von Martin Elsässer 1928 fertig gebauten und unter Denkmalschutz stehenden **Großmarkthalle** 3 entbrannte im Vorfeld der Bauarbeiten ein heftiger Streit, galt sie doch als Symbol des ›Neuen Frankfurt‹. Heute wird sie als Besucher- und Konferenzzentrum genutzt, bald soll dort auch ein Museum eingerichtet werden.

Insgesamt hat die EZB 300 Kunstwerke erworben, darunter auch ein die Sinne verwirrendes Wandbild des des ehemaligen Professors der Städelschule Thomas Bayrle, das aus unendlich häufig reproduzierten Personen besteht – das ist ebenfalls in der umgebauten Großmarkthalle zu sehen.

Dekor der Gründerzeit

Einige der Fassaden entlang der Hanauer Landstraße im Bereich des Ostbahnhofs sind stolze Relikte der Gründerzeit. So hat der Bau der

Lencoryt-Spinnerei 4 von 1912 am Osthafenplatz 6–8 eine monumentale Vorderfront mit Halbsäulen, die sich über alle vier Geschosse ziehen, und durchgehenden Fensterreihen. Das hat etwas ausgesprochen Tempelhaftes. Aktuell wird der Industriekomplex zum exklusiven Wohnquartier umgebaut.

Weiter auf der Hanauer Landstraße trifft man auf eine Frankfurter Institution: die Metzgerei **Gref-Völsing's** 1. Deren Rindswurst war die begehrteste Wurst aller Hafen- und Markthallenarbeiter und ist heute einfach Kult. Das sehen Sie am besten um die Mittagszeit, wenn sich hier die bunteste Mischung von Ostend-Bewohnern anstellt. Der wahre Frankfurter löffelt als Vorspeise die Wurstbouillon und verspeist die Wurst anschließend mit einem Wasserweck.

Frischer Wind weht besonders im folgenden Abschnitt der Hanauer Landstraße. Das originelle Design-Kaufhaus **Ikarus** 2 stimmt auf die Szene ein. In Häusern aus den 1920er-Jahren mit historisch reizvollen Fassaden, wie dem **Gemini-Haus** 5 (Nr. 146–148) und dem **Messmer-Haus** 6 (Nr. 175–179), haben sich Art-Studios, Werbeagenturen und Filmbüros eingemietet. Im **Artemis-Haus** 7 (Nr. 139–145) bringt das **DialogMuseum** Besuchern die alltägliche Lebenswelt von Blinden

INFOS/ÖFFNUNGSZEITEN

EZB 2: Sonnemannstr. 20, Führungen zur Arbeit der EZB Mi/Do 10.30, Mo/Fr 15 Uhr, Infos über alle Führungen unter: www.ecb.europa.eu

DialogMuseum 7: Hanauer Landstr. 145 (im Artemis-Haus), T 069 90 43 21 44, www.dialogmuseum.de, Mo–Fr 9–17, Sa 11–19, So 11–18 Uhr

Zoologischer Garten 11: Bernhard-Grzimek-Allee 1, T 069 21 23 37 35, www.zoo-frankfurt.de, tgl. 9–19, im Winter 9–17 Uhr

Gref-Völsing's 1: Hanauer Landstr. 132, www.gref-voelsings.de, Mo 7–14, Di–Fr 7–18, Sa 7–13 Uhr

Ikarus 2: Hanauer Landstr. 136. Möbel, Wohnaccessoires, Papierwaren und Taschen

Romanfabrik 1: Hanauer Landstr. 156, www.romanfabrik.de

KULINARISCHES FÜR ZWISCHENDRIN

Schwedlersee-Café 1: www.schwedlersee.de

Realwirtschaft Oosten 2: Mayfarthstr. 4, www.oosten-frankfurt.com. Stylisches Restaurant mit orientalisch inspirierter Küche. Sonnendeck und Terrasse. Wahnsinnsblick auf die Skyline.

Im Herbst 2015 ließ die Graffitikünstler Justus Becker und Oguz Sen das Schicksal der Flüchtlingen nicht kalt. An eine Molenwand des Osthafens malten sie auf 120 m² das berühmte Bild des kleinen Flüchtlingsjungen Aylan Kurdi, der 2015 tot an die Küste von Bodrum gespült worden war. Doch auch in Frankfurt ist die rechte Szene aktiv und zerstörte das Bild. Becker und Sen starteten einen Spendenaufruf, um das Graffiti wiederherzustellen – die Reaktion war enorm. Sie malten aber nicht mehr das Foto nach, sondern jetzt schwebt Aylan im siebten Teddybärenhimmel, ein lachendes glückliches Kind.

näher, indem sie, angeleitet von blinden Führern, durch vier unterschiedlich gestaltete, komplett lichtlose Räume gehen. Die Tour dauert etwa eine Stunde.

Bier und Bücher

Als Pionier der Ostend-Entwicklung gilt der Frankfurter Unternehmer Ardi Goldman, der wegen Schmiergeldzahlungen in Millionenhöhe im Zusammenhang mit dem Ausbau des Frankfurter Flughafens bis Mitte 2017 in Haft saß. Er hat das Gelände der alten **Frankfurter Unionsbrauerei** 8 von 1909 (Nr. 184–198) völlig neu modelliert: Das Brauhaus ließ er unangetastet, sogar den Schornstein gibt es noch. Jetzt gibt es hier zwei Restaurants und den **Kulturverein Romanfabrik** 1 von Peter Zingler und Doris Lerche, die alte Ostend-Bewohner sind.

Über die Lindleystraße erreicht man den **Schwedlersee** 9, einen früheren Teil des Nordbeckens des Osthafens, der Anfang des 20. Jh. in ein Schwimmbad umgewandelt wurde. Er ist ein kleines Juwel, eine verträumte grüne Oase. Schwimmen dürfen nur Schwimmclubmitglieder, das **Schwedlersee-Café** 1 mit Restaurantbetrieb und Kulturprogramm steht jedem offen.

Röhren, Zwitschern, Dröhnen, Tuten

Ausgangspunkt Ostbahnhof: Von dort geht's in den schönen **Ostpark** 10 (► S. 85) im Osten und über die typischen Ostendstraßen Richtung Zoologischen Garten nach Westen. Diese hübsche alte Wohnwelt aus gründerzeitlichen Häuserblocks wird in ihrer Geschlossenheit wohl über kurz oder lang verloren gehen – es stehen einfach zu viele Investoren in den Startlöchern.

Schon von Weitem hört man es röhren, zwitschern, dröhnen, tuten: Der **Zoologische Garten** 11 ist der unbestrittene Höhepunkt des Ostends. 1858 einer Bürgerstiftung erwachsen, gehört er zu den renommiertesten Zoos der Welt. Seinen Ruf verdankt er seinem langjährigen Leiter Bernhard Grzimek, der sich sein Leben lang dem Tierschutz verschrieben und diesen auch in ›seinem‹ Zoo praktiziert hat. Das wird allein schon an der großzügigen Gestaltung ersichtlich, durch die man herrlich an Robbenbecken und an Löwengehegen entlangflanieren kann.

Szeniges und adliges Grün – **das Nordend**

12

Im Nordend erzielen die Grünen bei Wahlen regelmäßig über 35 %. Seit hier in den 1970er-Jahren studentische Wohngemeinschaften heruntergewirtschaftete Altbauhäuser renovierten und bezogen, ist es ihr Viertel – mit Theatern, einem Kino, Bars, Cafés, originellen Läden und Restaurants. Doch auch die Grünen sind mittlerweile arriviert – und die Gentrifizierung hat dieses Viertel voll erfasst.

Latte Macchiato trinkende Mütter in Cafés mit quengelndem Nachwuchs, mit SUV und einem arbeitenden Mann, natürlich im hochdotierten Beruf, so sehe die Nordend-Klientel mittlerweile aus, und dazu vegan, 40 plus, so ätzen Alt-Bewohner gegen Neu-Bewohner, und ganz so falsch ist das vielleicht nicht, aber auch nicht immer ganz richtig. Auf jeden Fall sind die Mie-

So edel, so teuer, so fein – das Holzhausenviertel mit dem Holzhausenschlösschen

ten ins Astronomische gestiegen; eine Studenten-WG wird sich hier keinesfalls mehr niederlassen können, und so hat sich natürlich auch die Infrastruktur gewandelt. Ausschließlich toll ist das Nordend also nicht mehr, aber nur noch veganer Mainstream auch nicht.

INFOS/ÖFFNUNGSZEITEN

Tatzelwurm 2: Glauburgstr. 32, T 069 55 37 87, www.buchladen-tatzelwurm.de, Mo–Fr 10–18.30, Sa 10–14 Uhr. Das ›alte Nordend‹ im ältesten Kinderbuchladen Frankfurts, 1978 im Umfeld der Kinderladenbewegung gegründet

Feine Emma 3: Vogelsberger Str. 17, T 069 90 43 05 10, www.feine-emma.de, Di–Fr 11.30–19, Sa 9–16 Uhr. Ein Beispiel für das ›neue Nordend‹: Jahrgangspfeffer, Pistazienöl, Berglinsenpaste …

Zur Stalburg 1: Glauburgstr. 80, T 069 55 79 34, Mo–Sa 17–1, So 16–24 Uhr

Stalburgtheater: T 069 25 62 77 44, www.stalburg.de

KULINARISCHES FÜR ZWISCHENDRIN

Braustil 2: Oeder Weg 57, www.braustil.de, T 069 98 66 95 57, Mo–Do ab 16, Fr/Sa ab 12 Uhr, Schließung des Biergartens um 22 Uhr

Strandcafé 3: Koselstr. 46, T 069 24 14 54 95, www.strandcafe-frankfurt.de. »Unter dem Pflaster liegt der Strand« – dieses Motto der Studentenbewegung stand Pate bei diesem Lieblings-Eckcafé.

Lucille 4: Friedberger Landstr. 100, T 069 21 00 98 26, www.facebook.com/Lucille-Frankfurt, Mo–Mi 10–19.30, Do/Fr 10–1 Uhr. Der Chef des Orange Peel (► S. 38), Mehran Alvani, hat ein supernettes Café mit Plattenladen in einer ehemaligen Metzgerei eröffnet, Do und Fr abends wird aufgelegt.

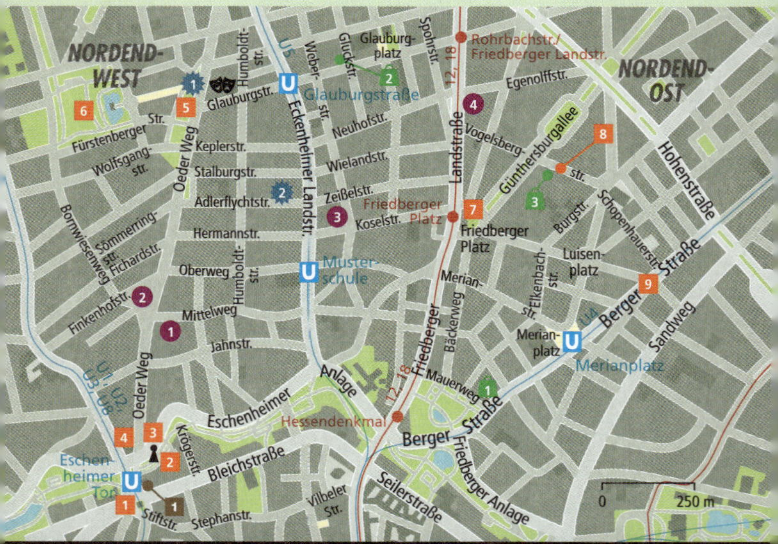

Cityplan: F–H 2–4 | **U-Bahn:** U 1–3, 8 (Eschenheimer Tor)

Bürgers Promenade

Der Ein- bzw. Ausgang zum Nordend und dem **Oeder Weg** steht noch: Durch das Tor des **Eschenheimer Turms** 1 schlüpften seit dem 15. Jh. Karossen, Fuhrwerke und Kutschen hinaus zu den Äckern und Feldern, wo sich später vornehme Familien Sommersitze bauen ließen. Heute ist dieser Anlagenring eine der wichtigsten Verkehrsadern in der Innenstadt, begleitet und verschönt durch eine lang gestreckte Parkanlage, die vom Mainufer am Literaturhaus bis zu den Städtischen Bühnen verläuft.

Zur Eschenheimer Anlage hin schließt sich ein **Bürgergarten** 2 an, der als Reminiszenz an die Biedermeiergärten geschaffen wurde. Hinter Rosenbeeten ist die Attraktion der Anlage zu sehen: ein Medusenbrunnen, der aus dem Park der Familie Löwenstein stammt (heute Livingston'sches Stallgebäude, Ulmenstr. 20). Am Parkausgang rahmen zwei nackte Jünglinge ein **Monument für Philipp Reis** 3 ein, den Erfinder des Telefons, stilistische Boten aus den 1920er-Jahren.

Auf der gegenüberliegenden Straßenseite fällt der prachtvolle Bau des ehemaligen Volksbildungsheims – heute **Cinestar Metropolis** 4 – ins Auge, ein Mainsandsteinbau, dessen Ausmaße hervorheben, welchen Rang Volksbildung in den Zwanzigern genoss.

Nordend-Charme

Am Oeder Weg offenbart sich der Charme des Nordends. Man flaniert an netten Cafés, einem originellen **Hutladen** (Nr. 25) und einem **Buchantiquariat** (Nr. 38) vorbei. Das **Café Wacker** ❶ (► S. 92) im Mittelweg 47 ist ein typisches Nordend-Café mit Kaffee aus eigener Rösterei und schönem Garten. Schräg gegenüber lockt **Braustil** ❷ mit selbst gebrautem Bier, Bar und Sommergarten.

An der schmalen **Hindemith-Anlage** 5 steht etwas beziehungslos ein schmiedeeisernes Tor mitten im Grün. Es markiert den ursprünglichen Eingang zum Gut der Familie Holzhausen, das 1923 in den **Holzhausenpark** 6 umgewandelt wurde. Von hier aus führt eine Kastanienallee zum Park. Das zum Gut gehörende Wasserschlösschen ließen sich die Holzhausens 1728 von Louis Rémy de la Fosse erbauen. Dort finden heute Lesungen, Konzerte und Veranstaltungen für Kinder statt.

Ö
OEDER WEG

Ein kleiner Griff zurück in die Geschichte erklärt den Namen einer der Hauptachsen, die das Nordend durchziehen: Oeder Weg. Hier befand sich einmal Ödland, Acker-und Bauernland. Zu Goethes Zeiten war es noch so.

L
LUSTIG

Der untere Teil der Berger Straße – vom Anlagen- bis zum Alleenring – gehört zum Nordend, die beiden oberen Abschnitte zu **Bornheim,** dem ›lustigen‹ Dorf, das ganz einfach lustig heißt, weil sich hier im Mittelalter viele Bordelle befanden.
Die **›Berger‹** ist gutes Flanierterrain. Im unteren Teil konzentrieren sich Boutiquen, Cafés und Restaurants, den zweiten Abschnitt dominiert die sandsteinrote Fassade der katholischen Josefskirche, die mittelalterlichen Ursprungs ist. Und ab dem Fünffingerplätzchen mit seinem herrlichen **Café Wacker** in einem der ganz seltenen echten Jugendstilhäuser geht's hinein in die Apfelweinseligkeit …

Rund um den Holzhausenpark setzt sich das Holzhausenviertel aus Gründerzeitvillen zusammen, Fantasien der Neorenaissance, der Neogotik und des Neoklassizismus. Das Viertel gehört zu den teuersten Wohngebieten der Stadt und hat einen Vorteil, den man sich ebenfalls teuer erkaufen muss: Ruhe.

Theater und Kino

Der Hausnummer 80 in der **Glauburgstraße,** einem der Verbindungsriegel zwischen Oeder Weg und Eckenheimer Landstraße, sieht man nicht an, dass hier einmal ein Barockschlösschen stand, nämlich der Sitz der Herren von Stalburg, erkennbar am Inschriftenband mit Wappen über der Tür. Die **Stalburg** 1 befindet sich seit 1934 im Besitz der Familie Reuter und hat es zu einiger Berühmtheit gebracht. Denn in ihrer mehr als urigen Gaststätte wird selbst gekelterter Apfelwein ausgeschenkt. Im Sommer sitzt man unter Kastanienbäumen. Der Journalist Michi Herl hat im Nebenraum das **Stalburgtheater** aufgezogen – mit kleinem Ensemble und tollen Gastspielen. Im Nordend gibt's aber auch ein richtig gutes Programmkino, das **Mal Seh'n** 2 (► S. 108) in der Adlerflychtstraße.

Freitags wg. Überfüllung geschl.

Der **Friedberger Platz** 7 hat sich zum Treffpunkt der Nordendler entwickelt: auf der einen Seite das ›Gudes‹, ein toller Kiosk mit Freiluftplätzen, auf der anderen Seite freitags tagsüber ein Bauernmarkt, der abends zu einer Freiluftparty für alle mutiert, also auch für Friedberg-Land.

Die **Vogelsbergstraße** 8 steht beispielhaft für die typische Nordendstraße: Gründerzeithäuser mit Ökoläden, Schmuckboutiquen, Modeateliers wie Antlitz Steinhauser, originellen Restaurants und einer alteingesessene Bäckerei. Und das Schöne: Es gibt noch mehr davon.

Über die Schopenhauer- ist die **Berger Straße** 9 schnell erreicht, hier reiht sich eine Kneipe an die andere, ein Modegeschäft ans nächste. Die originellsten (z. B. **Organicc** 3 im Haus Nr. 19, das das Bono-Modelabel Edun führt) liegen am unteren Ende der Straße. Aber die kann man gerne mal hochwandern, immerhin ist sie ein fast 3 km langes, sehr abwechslungsreiches Einkaufsquartier.

W
WALL

Der Ring mit Zacken, der auf dem Stadtplan zu erkennen ist, bezeichnet die ehemalige und zum Garten umfunktionierte Stadtmauer. Was heute als Anlagenring fungiert, war im 19. Jh. eine wunderschöne Parkanlage mit klassizistischen Gartenhäuschen, Brunnen und Bänken, so recht zum Flanieren geeignet. Johanna Schopenhauer verglich sie gar mit einem prächtig blühenden Blumenkranz, und auch Goethe war völlig hingerissen. Immer wieder begleiten Weiher mit sumpfigen Ufern und kleine Pavillons den Weg, Skulpturen, Denkmäler, Statuen, sogar ein Renaissancebrunnen (beim Nebbienschen Gartenhaus, ► S. 84). Viele Frankfurter verbringen bei schönem Wetter ihre Mittagspause dort.

Ebbelwoi geht immer!

Großbürgers Glückseligkeit – **das Westend**

13

Selten kam Wohlstand so schön und gediegen daher wie hier. Von etwa 1860 an ließen sich die begüterten Familien Frankfurts im Westend ihre Villen bauen, die Gärten lagen im Schutz der Bäume in den ruhigen Straßen. Heute machen Parks, hübsche und teure Geschäfte und ein Starmuseum das Westend zu einem unterhaltsamen Stadterlebnis.

Leider verbergen sich hinter den Fassaden des Westends nicht mehr zwingend die Wohnungen des Großbürgertums, sondern auch Büros, erreichen die Preise in den Restaurants oft schwindelerregende Höhen, säumen revitalisierte Wolkenkratzer und Bürotürme die Bockenheimer

Krasser Kontrast: Deutsche Bank kontra Gründerzeit-Pracht

Landstraße. Und doch ist das Spazierengehen zwischen den klassizistischen Villen, beschattet von unzähligen Baumkronen, fabelhaft. Viele Schönheitssalons, Boutiquen der feineren Qualität, Traditionscafés und -fachgeschäfte – das hat schon Stil. Zum Beispiel in der Liebigstraße, der Unterlindau, der Freiherr-von-Stein-Straße, wo die einzige der vier **Synagogen** Frankfurts, die die Zerstörungen des Zweiten Weltkrieges überstanden hat, in ihrem assyrisch-ägyptischen Schmuck prangt. Es lebt sich fein und ruhig hier.

Das nördliche Westend hat viele grüne Oasen, und eine der traditionsreichsten ist der **Botanische Garten,** der sich dem Grüneburgpark (► S. 84) anschließt. Er beruht auf einer Stiftung von Medizinalpflanzen des Arztes Johann Christian Senckenberg und wurde 1767 angelegt. Die Sensation, so viele fremdartige Pflanzen an einem Ort versammelt zu sehen, war damals riesig.

Belle Époque charmant

So muss es ersten Besuchern des **Palmengartens** 1 ergangen sein, dem Prunkstück unter den Westend-Grünanlagen. Seerosenreich, Aronstabgewächse, Palmen in Hülle und Fülle – wo gab's das denn sonst zu bestaunen? Das Pfund, mit dem der 22 ha große Palmengarten bis zum heutigen Tag wuchert, sind seine bezaubernden Gärten und Liegewiesen, der See, auf dem man rudern kann, und die kostbaren Pflanzen. Die Grundlage hierzu stammt aus dem Fundus eines bankrotten Großherzogs, der sie im Schlossgarten von Biebrich gesammelt hatte. Diesen besonderen Schatz wollte Frankfurts Gartenbaumeister Heinrich Siesmayer nicht verwelken lassen und gründete zu seinem Erhalt eine Stiftung (1867). Besonders das Palmenhaus lebt vom Charme der Belle Époque.

Wege und Gärten, die ins Innere des Palmengartens führen, sind mit klassizistischen Statuen geschmückt. Am **Rosengarten** und am **Oktogonbrunnen** geht es in den westlichsten Teil der Anlage zu den sieben sternförmig angelegten Glaspavillons des **Tropicariums.** Nördlich davon sieht man im **Subantarktis-Haus** Pflanzen und Bäume aus Feuerland und Neuseeland: Lediglich in Tasmanien gibt's ein ähnliches Pflanzenhaus. Etwas weiter östlich haben die Gärtner die Vegetationsformen unterschiedlicher tropischer Landschaften

H
HÄUSER-KAMPF

Es gibt Frankfurter, die assoziieren das Westend in erster Linie mit Häuserkampf. Gut, das ist schon eine Weile her, aber trotzdem: Hier entstand im Umkreis der 68er-Bewegung die erste Bürgerinitiative bundesweit, die sich gegen Zweckentfremdung von Wohnraum, Immobilienspekulation und Gentrifizierung zur Wehr setzte. Das Thema ist aktueller denn je, aber wer geht heute noch dafür auf die Straße? Der Hintergrund war die von der Stadt beabsichtigte Ausdehnung der Geschäfts-City auf das angrenzende Westend. Die wertvollen Großbürgervillen, schön, aber marode, sollten abgerissen und Bürohochhäuser darauf errichtet werden. Daraufhin wurden die Villen besetzt – von linken Studenten und Lehrlingskollektiven. Die Konflikte verschärften sich, die Protestbewegung mündete in teilweise gewalttätige Demonstrationen, den Häuserkampf. Deren prominenteste Vertreter: Dany Cohn-Bendit und Joschka Fischer, aber auch Tigerpalast-Chef Johnny Klinke.

wie Nebelwälder und Savanne zusammengestellt. Reis- und Kaffeepflanzen, Chinarinde und die größte Orchidee der Welt sind hier zu bestaunen – sie stammt aus Sumatra und musste in zwei Teilen nach Frankfurt gebracht werden. Der **Kakteengarten** stellt Dornengewächse aus aller Welt aus. Wohin man auch blickt: Der anmutige Palmengarten ist ein Gute-Laune-Garant – keiner läuft hier mit verkniffenem Gesicht herum.

Das **Gesellschaftshaus** war einst das rangoberste Ballhaus Frankfurts. Generationen von Tanzschulabsolventen haben hier unter den Kronleuchtern ihre Walzer gedreht. 2012 erstrahlte das generalüberholte Haus wieder im Glanz des zur Bauzeit hochaktuellen Historismus mit dunkelroten Marmorsäulen auf goldfarbigen Sockeln, zarten Wandfresken der Neorenaissance, einer schönen Empore und sagenhaften Kronleuchtern. Die Fassade freilich ist lupenreines Bauhaus: Martin Elsässer schuf sie 1928. In einen

Oh wie schön, es ist ein Lotus, und er heißt Nelumbo!

INFOS/ÖFFNUNGSZEITEN

Palmengarten 1: Eingänge Siesmayerstraße und Palmengartenstraße, www.palmengarten.de, tgl. 9–18, im Winter bis 16 Uhr, 7 €. Auf der Website finden Sie Rundgänge zum Ausdrucken.
Struwwelpeter-Museum 2: ► S. 79
Senckenberg Museum 3: Senckenberganlage 25, T 069 754 20, www.senckenberg.de, Mo–Fr 9–17, Mi bis 20, Sa/So bis 18 Uhr, 9 €

KULNARISCHES FÜR ZWISCHENDRIN

Lafleur 1: Palmengartenstr. 11, T 069 90 02 91 00, www.restaurant-lafleur.de, Menü ab 48 €. Zeitgemäße Klassik mit mediterranen Aspekten und regionalen Produkten
Der Herr Franz 2: Ulmenstr. 20, T 069 71 37 96 09. Der Österreicher Franz Zlunka hat reichlich Erfahrung mit guter Gastronomie. Die halbe Grünen-Politik-Kulturszene sitzt bei ihm wie im Wohnzimmer. Versuchen Sie mal das unschlagbare Wiener Schnitzel!

Cityplan: C/D 3–5 | **U-Bahn:** U 6, U 7 (Westend)

Der »Struwwelpeter« war eigentlich ein Weihnachtsgeschenk des Arztes, Neurologen und Psychiaters Heinrich Hoffmann für seinen Sohn Carl im Jahr 1844. Der Erfolg kam völlig unerwartet: Der doch recht grausame Struwwelpeter wurde in 45 Sprachen übersetzt.

► LESESTOFF

»Die Zeit« nannte es Deutschlands sinnvollstes und schönstes Lesefest. Jedes Frühjahr heißt es **Frankfurt liest ein Buch!** 2017 war dies Herbert Heckmanns Roman **Benjamin und seine Väter**. Es lesen Schauspieler, Oberbürgermeister, Schüler, Sportler, Maler, und es gibt Lesungen, Theater, Musik und Stadtführungen auf den Spuren der Autorin/des Autors. Bisher waren das u.a.: Sylvia Tennenbaum, Otto Frank (der Vater von Anne), Valentin Senger, Wilhelm Genazino und Siegfried Kracauer. Initiator Lothar Ruske und der Schöffling Verlag beweisen sich als Archäologen der Literaturszene Frankfurts. Ganz toll!
www.frankfurt-liest-ein-buch.de

Flügel ist das mit einem Michelin-Stern dekorierte Top-Restaurant **Lafleur** ❶ eingezogen.

Großbürgers Flair beherrscht auch den Weg hinüber zum Senckenberg Museum. Es gibt wunderschöne Villen, Chalets und eine entsprechende Infrastruktur mit Bistrot-Italienern in der Arndt-Schumann- und Beethovenstraße. In der Schubertstraße befindet sich das knallrot gestrichene **Struwwelpeter-Museum** 2 (► S. 79).

Berühmtes Naturalienkabinett

Schon fast in Bockenheim begegnen wir dem Arzt, Botaniker und Wissenschaftler Johann Christian Senckenberg (1707–72) wieder, Sohn aus einem intellektuell geprägten Haushalt. Er lebte in der Hasengasse unweit des Hirschgrabens, in dem Goethes Geburtshaus stand. Dieser erwähnt ihn mit nett gesetzten Worten in »Dichtung und Wahrheit«.

Senckenberg gründete 1767 eine Stiftung mit dem Ziel, eine »bessere Gesundheits-Pflege hiesiger Einwohner, und Versorgung der armen Kranken« zu gewährleisten. Ein entsprechendes Gelände erwarb er in der Nähe des Eschenheimer Tores und der Stadtmauer (heute: Stiftstraße), und neben dem Anatomiesaal, dem Wohn- und Stiftshaus, den Vorlesungsräumen, der Bibliothek entstand darauf auch ein Naturalienkabinett. Bei der Besichtigung des Baugeländes stürzte Johann Christian Senckenberg zu Tode – und war dann tragischerweise der erste Fall, der im *teatrum anatomicum,* seinem Anatomiesaal, untersucht wurde. Sein Werk ist heute eines der angesehensten Krankenhäuser der Stadt, das Bürgerhospital.

Das Naturalienkabinett begründete den Bestand des **Senckenberg Naturmuseums** 3. Im Lichthof stehen sensationelle Kopien von Saurierskeletten des Erdmittelalters: Tyrannosaurus Rex und Flugechse. Ausgestellt sind auch Fossilien der Grube Messel (berühmt: das Urpferdchen), die 47 Mio. Jahre alt sind und zum UNESCO-Weltkulturerbe erklärt wurden. Sonderausstellungen informieren über die internationalen Forschungsprojekte der Senckenberg-Gesellschaft. Das Ganze ist didaktisch sehr gut aufbereitet, mit interaktiven Computer-Schaubildern und plastischen Ideen, wie z. B. einem gläsernen Boden über einer simulierten Dinosaurierspur.

Wir lieben die Eule im Norwegerpulli – **im GrünGürtel**

\# 14

Halb Frankfurt radelt, wandert und läuft mit Begeisterung auf dem GrünGürtel. Produkt der rot-grünen Stadtregierung in den 1990er-Jahren, hat er sich das Etikett »Deutschlands schönster Wanderweg« redlich verdient. Auf 62,5 km Länge verläuft er lässig zwischen Streuobstwiesen und echten Dünenlandschaften und ist seit 1996 als Landschaftsschutzgebiet ausgewiesen. »Titanic«-Karikaturist F. K. Waechter setzt mit seinen Kunstobjekten noch einen drauf.

Und auch die Symbolfigur des GrünGürtels, das »GrünGürteltier«, wurde von einem »Titanic«-Mitglied erfunden – Robert Gernhardt gab vor, es an der Wörthspitze in Nied zum ersten Mal gesehen zu haben: ein kleiner Drache mit Schweinsnase!

Wir lieben auch das GrünGürteltier! Hier sein Abbild in Bonames beim Tower Café, einem der beliebtesten Abschnitte, wenn man mit Kindern unterwegs ist.

D
DOPPEL

Robert Gernhardt und **F. K. Waechter** gehören zu den Sternen der »Titanic«-Truppe, der eine Dichter, der andere Zeichner, mehrfach prämierter Kinderbuchautor und Stückeschreiber. Deutschlands berühmteste Satire-Zeitschrift blieb allerdings nicht ihr einziges Betätigungsfeld – gemeinsame Buch- und Filmprojekte verbanden sie miteinander. Gerne entstanden die Projekte aus Entwürfen, die sie auf Bierdeckeln in ihren Lieblingskneipen skizzierten.

Wir beginnen am **Goetheturm** 1, wo sich auch ein Fahrradverleih befindet. Der malerische hölzerne und Aussichtsturm misst 43 m. Zu seinen Füßen breiten sich der Garten des malerischen Cafés **Goetheruh** 1 und ein großer Spielplatz aus.

Der mit grün-blauen Schildern markierte Weg führt Richtung Osten zum **Waldspielplatz Scheerwald** 2, bevor man an einem Rastplatz, einer kleinen Schutzhütte, nach Süden auf den Wolfsweg einbiegt. Die nächste Kehre in Richtung Südwesten liegt am winzigen, verträumten **Maunzenweiher** 3. An dessen Nordrand vorbei verläuft die Strecke durch den Stadtwald auf dem **Naturpfad Steinweg** (ausgeschildert).

Der hölzerne **»Monsterspecht«** 4 von F. K. Waechter pickt am Wegesrand an einem Buchenstamm. Es geht immer geradeaus. Im südlichen Bereich des Weihers warten F. K. Waechters **»Pinkelbaum«** und **»Eule im Norwegerpulli«** 5. Um sie zu sehen, muss man die romantische Holzbrücke über den Jacobiweiher queren. Nächste Raststation: die **Waldgaststätte Oberschweinstiege** 2 mit großem Garten in traumhafter Lage.

Nun müssen wir mal eben auf Wald-Romantik verzichten, denn es geht über die laute Isenburger Schneise, und diese ist auch ganz kurz nördlich zu fahren, bevor wir bei der ausgeschilderten Ab-

Cityplan: Karte 3 | Anfahrt: ab Hbf. S 5, ab Hedderichstraße weiter mit **Bus** 48
Rückfahrt: **S-Bahnen** ab Höchst | Fahrradstrecke: ca. 21 km, 1/2 Tag

zweigung wieder zurück im Wald verschwinden. Südlich des kleinen **Tiroler Weihers** 6 durchquert man dichten Buchen- und Eichenwald, anschließend verläuft die Strecke wieder nach Nordwesten, in Richtung **Waldfriedhof Goldstein** 7. Hier brausen die Flugzeuge besonders heftig, aber es gibt Radler, die Silhouetten der auf den Flughafen zudonnernden Maschinen faszinieren.

Vom Waldfriedhof Goldstein geht es nach Westen Richtung Schwanheimer Wiesen: Davor erreicht man **»Monstereicheln«** 8, weitere Holzskulpturen von F. K. Waechter. Eine ausgeschilderte Abzweigung führt zu den knorrigen **Schwanheimer Alteichen** 9, die mindestens 500 Jahre auf ihren Buckeln tragen.

Jetzt heißt es erst mal absteigen und auf den Holzbohlenstegen ein Stückchen über die **Schwanheimer Wiese** und die **Düne** 10 laufen, denn hier darf aus Naturschutzgründen nicht mehr Fahrrad gefahren werden. Das ist besonders schön, weil es auf der Düne wie am Mittelmeer aussieht. Graziles Silbergras, Streuobstwiesen und kleine Kiesgruben rahmen sie ein. Und dann wartet da noch F. K. Waechters **»Struwwelpeter«,** eine Kopfweide mit einer dekorativen Mähne aus lauter Trieben, die der Wind zersaust. Mit der Mainfähre setzt man schließlich nach **Höchst** 11 (► S. 74) über.

INFOS/ÖFFNUNGSZEITEN

GrünGürtel-Freizeitkarte: erhältlich bei der Bürgerberatung am Römerberg 32, T 069 21 24 00 00
Fahrradverleih Goetherad: am Goetheturm 1, Sachsenhäuser Landwehr 1, T 0176 50 52 85 99, März–Okt. Di–Fr 14–20, Sa/So 12–20, im Winter Mi–So 14–18 Uhr, Tandem 5 €/Std.
Call-a-bike-Stationen: Hainer Weg, Sachsenhäuser Landwehrweg
Mainfähre Höchst Walter Kolb: bis ca. 20 Uhr, 0,50 €; Infos unter T 069 30 34 86 oder 0178 288 09 08. Fahrradmitnahme möglich.
Rückfahrt von Höchst nach Frankfurt mit der S-Bahn oder mit dem Rad an der Nidda entlang.

KULNARISCHES FÜR ZWISCHENDRIN

Goetheruh 1: am Goetheturm, www.goetheruh.de, tgl. ab 12 Uhr. Ein bisschen plüschig-verspielt
Waldgaststätte Oberschweinstiege 2: Oberschweinstiegschneise 64, T 069 697 69 37 10, tgl. 11–21 Uhr. Schöne, beschattete Sommerterrasse
Den **Höchster Schlossplatz** 3 teilen sich drei Gaststätten mit viel Platz unter Sonnenschirmen.

15

Die Überraschung am Main – **Höchst**

Wer hätte das gedacht, dass ein Ort, der so stark mit Industriegeschichte verbunden ist, eigentlich eine sehr hübsche, kleine Stadt ist? Richtig urban und voller Fachwerk? In der öffentlichen Wahrnehmung ist Höchst gleich Farbwerke Hoechst und vielleicht noch Porzellanmanufaktur. Aber: Höchst liegt schön am Main, Reste der Stadtmauer und Fachwerk sind erhalten, dazu gibt's ein Schloss und einen Barockpalast.

Zugegeben, man kann sich gefälligere Ausgangspunkte für einen Ausflug denken als den **Höchster S-Bahnhof** 1. Es braucht einige Schritte auf der Antoniterstraße, bis man an den leicht verschmuddelten Handyläden, Döner-Imbissen und Billigfriseuren vorbei ist. Gewerblicher Leerstand plagt ganze Straßenzüge, z. B. in der Bolongarostraße. Gut, aber das gehört eben zu Höchst,

Auffrischen ist Pflicht, wenn man historisch wohnt.

ebenso wie die Halal-Restaurants und die orientalischen Supermärkte. Die gleichzeitig ein Supertreffpunkt sind: keine Hetze an den Kassen, sondern Marktpalaver – zum Neidischwerden. Wer während des Ramadans in Frankfurt bzw. Höchst ist, sollte unbedingt einen solchen Markt aufsuchen. Angesichts des abendlichen Fastenbrechens wird eingekauft, was das Zeug hält.

Das ist eine Facette von Höchst, gleich kommt die andere: So überraschen die intakten, gutshofähnlichen Gebäude an Leverkusener Straße und Bolongarostraße, ferner die einzige reine Jugendstilkirche Frankfurts, die **Josefskirche** 2 in der Hostatostraße, oder die Jugendstilhäuser an der **Melchiorstraße** 3.

Die Fassade des **Greyffenklau'schen Hauses** 4 (Wed 13) mit seinem dreigestuften Giebelaufsatz (1590–1600) ist pure Renaissance, um deren Bausubstanz immer wieder gekämpft werden musste. Am Ende flossen Mittel aus städtischen Töpfen und von der Farbwerke Hoechst AG.

Spätmittelalter und Barock

Die beiden Gässlein **Brand** 5 und **Alt-Höchst** 6 sowie die angrenzende Albanerstraße zeigen Fachwerkidyll mit blumenbetopften Terrakottakübeln auf dem Kuppelpflaster und versetzen einen mühelos ins Spätmittelalter.

In der Bolongarostraße warten gleich fünf historische Gebäude: Das **Kronberger Haus** 7 (Nr. 152) stammt von 1577 und hatte eine Renaissancefassade, die im 19. Jh., als das Höchster Rathaus einzog, neoklassizistisch umgebaut wurde. Hier hat das vom Historischen Museum Frankfurt verwaltete **Porzellanmuseum** seinen Sitz. Die Höchster Porzellan-Manufaktur, die von einem aus Meißen stammenden Künstler im 18. Jh. begründet wurde, genießt Weltruhm. Aufs und Abs waren nicht selten in ihrer langen Geschichte, doch sie ist nicht nur museal. In der Manufaktur im **Neuen Porzellanhof** 1 an der Palleskestraße kann man an Workshops und Führungen teilnehmen und Porzellan in den eleganten Verkaufsräumen erstehen.

Vom **Antoniterkloster** sind noch zwei Gebäude erhalten – das **Wohnhaus** 8 (Nr. 137–139) und das **Konventsgebäude** 9 (Nr. 143). Beide entstammen der Spätgotik und wurden mehrfach baulich verändert. Der Antoniterorden war von 1441 bis

Sneak-Preview kennt jeder. Kino, klar. Aber Musik-Sneak? Den gibt es jetzt in einer der renommiertesten Konzertbühnen Frankfurts, der Jahrhunderthalle, einem wunderbaren 1950er-Jahre-Bau mit stilistisch lupenreinem Foyer und Bar. Und genau dort werden einmal im Monat drei Gruppen auftreten, die noch nicht berühmt, aber sehr, sehr gut sind, versprechen die Veranstalter. Namen werden nicht genannt, klar. Lassen wir uns also überraschen … (www.jahrhunderthalle.de, Tickets 18 €)

1802 in Höchst ansässig und übernahm die Justinuskirche, die damals Pfarrkirche war. Das spätgotische Fachwerkhaus **Zum Anker** 10 (Nr. 173) wurde 1976 komplett renoviert. Das **Dalberger Haus** 11 (Nr. 186) aus der Renaissance befand sich einst im Besitz des Mainzer Erzbischofs Wolfgang von Dalberg.

INFOS/ÖFFNUNGSZEITEN

Porzellanmuseum 7: im Kronberger Haus, Bolongarostr. 152, www.historisches-museum-frankfurt.de, Sa/So 11–18 Uhr, 3 €

Hoechst AG Peter-Behrens-Bau 17: Industriepark Höchst, Tor Ost, nur mit Führung, Anmeldung über Dagmar Demmig, T 069 305 54 13, dagmar.demmig@infraserv.com; Treffpunkt Tor Ost 10 Min. vor Beginn, kein Zutritt für Kinder unter 14 J., Lichtbildausweis erforderlich

KULINARISCHES FÜR ZWISCHENDRIN

Gasthof Zum Bären 1: Schlossplatz 8, im Sommer 11–23, im Winter 11–17, Sa/So ab 11 Uhr, Rippchen 9,50 €, Grüne Soße 8,90 €

Bounour's Salon du Thé et Patisserie Oriental 2: Dalbergstr. 4, www.bounours.de. Eleganter Teesalon mit orientalischen Köstlichkeiten, Pralinen und Kuchen

DESIGN MADE IN HÖCHST

Neuer Porzellanhof 1: Palleskestr. 32, T 69 30 09 02-40, www.hoechster-porzellan.de, Führungen s. Website

Design-Parcours: www.designparcours.de. Am 1. Adventsonntag wird nicht nur der malerische Weihnachtsmarkt auf dem Schlossplatz abgehalten, sondern auch der Design-Parcours. In leerstehenden Geschäftsräumen stellen Jungdesigner ihre Produkte aus: Mode, Lampen, Gemälde, Plastiktaschen, Kleinmöbel. Ein Flyer führt zu den teilnehmenden Häusern.

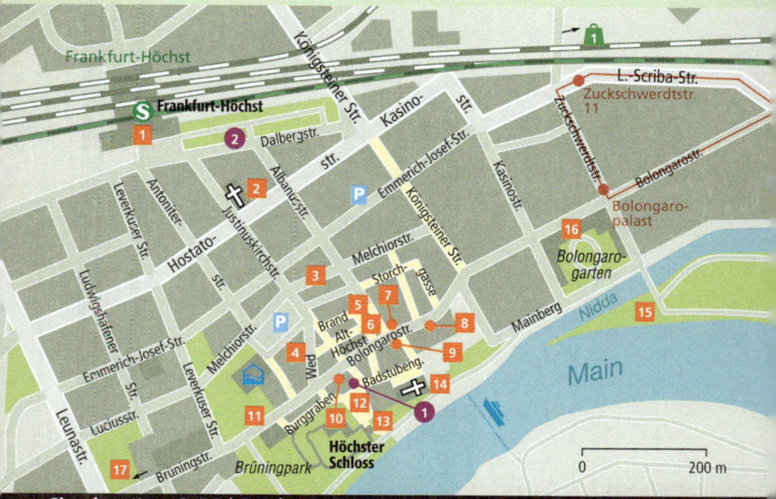

Cityplan: Karte 3, E 2 | **S-Bahn:** S 1, S 2

Einkehren wie zu Goethes Zeiten

Wenige Schritte sind es von der Bolongarostraße über den **Burggraben,** an dem sich ein Renaissancehäuschen ans nächste reiht, zum malerischsten Eck von Höchst: Den hügeligen **Schlossplatz** 12 dominiert das Schloss mit mächtigem Bergfried aus dem 14. Jh. und tiefem Burggraben. Er ist schon seit langer Zeit Wirtshausstandort – hier hielten die Schiffe zur Mittagsrast im Gasthaus Zum Karpfen an. Der umtriebige Goethe schätzte diesen Platz auch. Den Karpfen gibt es nicht mehr, dafür das **Gasthaus Zum Bären** 1. Heute legt die Fahrradfähre zu den Schwanheimer Dünen auf der südlichen Mainseite ab, einem Teil des **GrünGürtels** (► S. 71). Durch das alte **Maintor** 13 erreicht man das Mainufer. Darüber erhebt sich die älteste Kirche Frankfurts auf Höchster Grund: die karolingische **Justinuskirche** 14 aus dem Jahr 830. Noch weiter den Main hinauf kommt man zum Uferpark an der **Wörthspitze** 15.

Der **Bolongaropalast** 16 ist der größte Privatbau des Barock im Rhein-Main Raum mit großzügiger Terrasse, Freitreppen und ausgedehntem Garten zum Main hin. Er wird zurzeit restauriert. Bis 2020 soll hier ein Kulturzentrum entstehen.

Arbeiterkathedrale

Mit dem **Peter-Behrens-Bau** 17 verfügt der Industriepark Höchst über ein Gebäude in lupenreinem Expressionismus. Sein Architekt, Peter Behrens, war geistiger Vater und Mentor der Bauhaus-Architekten Walter Gropius, Mies van der Rohe und Le Corbusier. Das lang gestreckte, doppelstöckige Gebäude erinnert durch die schießschartenartigen, in regelmäßigen Abständen angebrachten Vertiefungen kurz unterhalb des Dachaufbaus an eine Burg. Peter Behrens ließ die farbigen Glasfenster in Handarbeit fertigen. Alle Formen beziehen sich auf Kristall, die aufgesplitterten Prismen finden sich in den Deckenlampen wieder, die dramatische Farbgebung (handbemalte Klinker, Backsteine) stellt den Bezug zu den in den Farbwerken Hoechst hergestellten Pigmenten her. Brücke und Turm des Behrens-Baus standen von 1947 bis 1997 im Logo der Hoechst AG. Umgetauft in Industriepark Höchst, sind die Werke heute mit 22 000 Beschäftigten Frankfurts zweitwichtigster Arbeitgeber.

Bewusste Dramatik: Drei unscheinbare Eingänge des Peter-Behrens-Baus öffnen auf eine hohe Eingangshalle, die durch den speziellen Farbverlauf – oben hell, unten dunkler – noch größer wirkt.

EINTRITTSKARTEN *in eine andere Welt ...*

Neben dem Städel-Museum (▶ S. 51) gibt es in Frankfurt reichlich andere Museen, hier einige meiner persönlichen Favoriten:

UND JETZT ENTSCHEIDEN SIE!

Museum Giersch
Di, Do 12–19,
Fr–So 10–18 Uhr
6/4 €

In der umgebauten Holzmann-Villa von 1910 beschäftigt sich das Museum der Uni Frankfurt mit regionaler Kunst des 19./20. Jh. und präsentiert ein Kunstschaffen, das in den anderen Museen der Stadt nicht vertreten ist.
E 7, www.museum-giersch.de

○ JA ○ NEIN

Luftschifffahrtsmuseum Zeppelinheim
Fr 14–17, Sa/So 11–17 Uhr
Pay as you wish

Was hatte diese fliegende Riesenzigarre mal für ein Renommee! Von dieser Faszination spricht die Ausstellung in der Siedlung, die in den 1930er-Jahren für die Zeppelin-Leute gebaut wurde.
Karte 3, D 4, www.zeppelin-museum-zeppelinheim.de

○ JA ○ NEIN

Archäologisches Museum Frankfurt
Di–So 10–18, Mi 10–20 Uhr
7/3,50 €

In intimem Rahmen zeigt das Museum Exponate zur römischen Vergangenheit der Stadt, z. B. Fundstücke aus Nida, zur jüdischen Geschichte sowie der klassischen Antike.
Karte 2, F 6, www.archaeologisches-museum.frankfurt.de

○ JA ○ NEIN

Bibelhaus
Di–Sa 10–17, So/Fei 14–18 Uhr
5/4 €

In dem kleinen Museum wird die biblische Welt durch Alltags- und Ritualgegenstände zum Leben erweckt, etwa durch die Simulation einer Pilgerreise nach Jerusalem oder ein nachgebautes Fischerboot vom See Genezareth.
Karte 2, F 7, www.bibelhaus-frankfurt.de

○ JA ○ NEIN

Eintracht Frankfurt Museum
Di–So 10–18 Uhr
5/3,50 €

Warum ein Adler als Maskottchen? Packende Sportreportagen und Staunenswertes über die Eintracht, die als Verein der Adlerwerke begann und viele jüdische Mitglieder hatte.
🕮 südl. D 8, www.eintracht-frankfurt-museum.de

○ JA ○ NEIN

Geldmuseum
So–Fr 9–17, Mi 9–20 Uhr
Eintritt frei

Das von der Bundesbank verantwortete Museum fächert die Geschichte und Aktualität des Geldes auf anhand von viel interaktivem unterhaltsamem Material, Dokumentarfilmen und kleinen Quizterminals.
🕮 D 1, www.bundesbank.de/geldmuseum

○ JA ○ NEIN

Stadt- und Industriemuseum Rüsselsheim
Di–Fr 9–13, 14–17, Sa/So 10–17 Uhr
3,50 €

Das didaktisch tolle Industriemuseum widmet sich der Geschichte der Firma Opel. Im Stadtpark davor wird in den klassizistischen Opel-Villen internationale Kunst des 19./20. Jh. gezeigt.
🕮 Karte 3, D 4, www.museum-ruesselsheim.de

○ JA ○ NEIN

Stoltze-Museum
Mo–Fr 9–16, Do 9–18 Uhr
Eintritt frei

»Un es will merr net in mein Kopp enei: Wie kann nor e Mensch net von Frankfort sei!« Das Leben des Literaten Friedrich Stoltze (1816–91) ist in diesem Museum mitreißend dokumentiert.
🕮 Karte 2, F 5, www.frankfurter-sparkasse.de/stoltze

○ JA ○ NEIN

Struwwelpeter-Museum
Di–So 10–17 Uhr
4/2 €, Kinder bis 6 J. frei

Der »Struwwelpeter« ist ein Welthit. Im Museum sind Originalausgaben und biografische Dokumente des Autors, ein Theaterzimmer mit Kostümen und Puppentheateraufführungen zu sehen. Zieht 2018 in die Altstadt um.
🕮 D 4, www.struwwelpeter-museum.de

○ JA ○ NEIN

Frankfurts Museumslandschaft

Frankfurt verfügt mit rund 60 Häusern über eine komplette Museumslandschaft, die allein schon ein Reisemotiv bilden könnte. Mal abgesehen von den vielen Galerien, die teilweise auch beim **Lichtkunstfestivals Luminale** (luminale-frankfurt.de) mitmachen. Auch für Familien mit Kindern ist viel dabei. Mit **Struwwelpeter-Museum, Kindermuseum** (www.kindermuseum.de) und den Dinos im **Senckenberg Naturmuseum** ist die Stadt bestens gerüstet. **»Schirn at Night«** nennt sich eine Veranstaltungsreihe mit Führungen, Musik und Performances. Im **Städel** gibt es jeden zweiten Freitag im Monat um 20 Uhr eine kostenlose Führung und in unregelmäßigen Abständen die »Städelnächte« mit Cocktails, Gesprächen und DJ's. Zu Vorträgen über aktuelle Entwicklungen in der Architektur und Stadtplanung lädt regelmäßig das **Architekturmuseum** ein. In Frankfurt sind auch die **Banken** Museen und Galerien. In ihre Sammlungen lassen sie per Führung blicken. An den monatsletzten Samstagen ist der Museumseintritt bis auf wenige Ausnahmen kostenlos, dazu wird ein besonderes Programm angeboten.

KÜNSTLER SIND VAGABUNDEN

Und doch ist einer der aufregendsten Frankfurter Kunstvereine, die stets präsente **Familie Montez** nämlich, sesshaft geworden. Allerdings stilecht in einem Brückenpfeiler, dort wo der Main vorüberfließt, wo die EZB auf den alten Osthafen trifft. Familie Montez ist viel mehr als ein Ausstellungsraum, ist ein mythisch aufgeladener Ort, und steht für Kunst, Bewegung, Engagement – und bunte Partys an unsicheren Orten, die man sicher nicht aus der Zeitung erfuhr. Ein bisschen von diesem Feeling vermittelt auch **COMA,** das Ausstellungen in leerstehenden Häusern zeigt. **Home abroad** organisiert Einzelaustellungen europäischer Künstler und Veranstaltungen in seinen Räumen in der Schifferstraße, ein Ereignis sind auch die Präsentationen der **Ateliergemeinschaft basis** in der Gutleutstraße.

Alle Adressen und weitere Infos über www.kultur-frankfurt.de

Spaziergänge durchs Zeitgeschehen

▶ Wer sich auf dem Campus Westend umschaut, kann nichts anderes tun, als die dort Studierenden zu beglückwünschen. Er sieht aus, als stünde er in den USA: so großzügig, so lässig, so cool. Plätze mit Kunst und Springbrunnen, Liegewiesen, viel Grün – einfach toll!

Ein Riese wirft Schatten

Poelzig-Bau Campus Westend

🕮 D/E 3

Es gibt viele Zeitzeugen der Stadt, die ihre ganz spezifische Geschichte erzählen. Der Campus ist nur einer davon. Und dessen Geschichte ist alles andere als nett: Als sich die IG-Farbenindustrie 1925/26 aus verschiedenen Chemie-Unternehmen, wie z. B. Hoechst und Cassella, zusammengeschlossen hatte, brauchte sie eine repräsentative Zentralverwaltung. Gefunden wurde ein Gelände im Westend. Als Architekten gewann man Hans Poelzig, Professor an der Technischen Hochschule in Berlin.
Er entwarf einen halbkreisförmig geschwungenen, monumentalen sechsstöckigen Kamm-Bau, dessen Riegel von vorspringenden Querflügeln strukturiert werden. Um die machtvolle Wirkung zu potenzieren, wurde das Gebäude auf Wunsch der Firmenleitung 100 m weit vom Eingangstor platziert und steht nun höher als die umliegenden Westendvillen – man blickt zu ihm empor. Das **IG-Farben-Haus** war der größte Bau der Weimarer Republik.
Mit dem Unternehmen verbinden sich aber auch die größten Kriegsverbrechen aller Zeiten. Sein Name ist untrennbar mit Zyklon B verknüpft, dem Gas, das in den Gaskammern der Konzentrationslager benutzt wurde. Der Konzern errichtete sogar ein erstes privat finanziertes Arbeits- und Konzentrationslager im polnischen Buna, in dem über 25 000 Menschen starben.
Weder das IG-Farben-Haus noch die Farbwerke Hoechst wurden während des Zweiten Weltkriegs zerstört. Nach Kriegsende zog hier die US-Militärkommandatur ein, das Gelände wurde für 50 Jahre zum US-Headquarter, dem Pentagon of Europe.
Nach dem Abzug der Amerikaner erhielt die Universität Frankfurt den Zuschlag für eine Neunutzung. Auf dem Gelände ist das Fritz-Bauer-Institut (▶ S. 83) zur Erforschung des Holocaust untergebracht. Das Architekturbüro setzte Hauptgebäude, Foyer, Rotunde und Treppenhäuser weitgehend in ihren ursprünglichen Zustand zurück.

Bauen für alle in großem Stil

Siedlung Römerstadt

🕮 Karte 3, F 2

Was ist menschenwürdiges Wohnen? Können sich die Innenstädte bald nur noch Superreiche leisten, oder Saudis, die eine Wohnung nicht bewohnen, sondern als Geldanlage betrachten? Da tut es doch mal so richtig gut, Alternativen zu sehen. Zugegeben, diese hier sind schon etwas älter – aber diskussionswürdig auf alle Fälle.
Nach dem Ersten Weltkrieg lag die Welt nicht nur buchstäblich in Trümmern. Die herrschenden Gesellschaftsstrukturen waren zerschellt, neue Parteien festigten sich, die Sowjet-Revolution schickte ihre Vorboten in den Westen. Die Umwälzungen fanden auch auf der kulturellen und sozialen Ebene statt. Die Malerei wurde abstrakt: Konstruktivismus, Suprematismus, die Musik neu: Igor Strawinsky, Alban Berg, Arnold Schönberg, Kurt Weill.
In Frankfurt musste Wohnraum her – und viel. Oberbürgermeister Ludwig Landmann beauftragte den Architekten

Der Poelzig-Bau der IG Farben war zur Weimarer Zeit das größte Gebäude Deutschlands – heute gehört er zur Universität, was einige Debatten entfacht hat.

Ernst May mit dieser Aufgabe. Es gab viel zu tun: In der engen Altstadt lebten Arbeiterfamilien oftmals äußerst bedrängt in einem Zimmer ohne fließendes Wasser, und die Einwohnerzahl wuchs. Der Architekt ersann 1926 das Reihenhaus mit eigenem Bad und Wassertoilette, in luftiger, grüner Umgebung, mit Gärten für Obst- und Gemüseanbau. Kernstück des großen Stadtentwicklungsprojekts war das **Niddatal-Projekt,** darunter die Römerstadt. Es war eines der umfangreichsten Wohnungsbauprogramme in der Weimarer Republik. Zwischen 1925 und 1930 entstanden 15 000 Wohnungen.
Um die Baukosten niedrig zu halten, produzierte man in Serie, in einer Vorform des Fertigbaus. Die Innenarchitektin Margarete Schütte-Lihotzky erfand die erste Einbauküche, die später als **Frankfurter Küche** zu einiger Berühmtheit gelangen sollte, mit pflegeleichtem Metallspülbecken und einem Schubladenschrank für Mehl und Grieß, die sogenannten ›Schütten‹.
Ein Ernst-May-Haus in der Siedlung Römerstadt wurde zum **Museum** umfunktioniert. Mit dem unverbauten Blick auf die Niddawiesen haben es die Bewohner hier ganz besonders schön.

Grüne Oasen und Beton

Die Nordweststadt Karte 3, F 2
Ein weiteres wichtiges städtebauliches Projekt – diesmal aus den späten 1950er-Jahren – liegt in unmittelbarer Nähe. Wir gehen über die Bernadottestraße und erreichen über Fußgängerbrückchen das Zentrum der Nordweststadt, das mit seinen bunten Ladengalerien und Flanierboulevards immer noch seine Reize hat.
Und genau so war es geplant. Die ›Raumstadt‹ ohne Reihenhaussiedlungen mit einem Hinten und einem Vorne, sondern ›Kasbahs‹, Inseln, sollten entstehen, mit grünen Oasen für Spielplätze, Wäschestangen und ein öffentliches Miteinander. Der Verkehr sollte außen vor bleiben. Bankiers und Arbeiter sollten sich gleichzeitig wohlfühlen. Es gab Reihenhäuser, Zweifamilienhäuser und Wohnblocks, 90 % Geschosswohnungen und 10 % Einzelhäuser.
Doch die Innenstädte blieben als Platz für sozialen Wohnungsbau tabu. Dort sollte sich die Privatwirtschaft etablieren. Das heißt, man musste den sozialen Wohnungsbau an die Peripherie ansiedeln. Genau diese Ausgrenzung aber schuf das Konfliktpotenzial, dass die Nordweststadt bis heute tangiert.

Ist das der Osterspaziergang?

Auf Goethes Spuren

Jeden Ostersonntag wandeln Tausende Frankfurter auf den Spuren des Geheimrats und Dichterfürsten. Ein ausgeschilderter Spazierweg von 11 km führt von seinem Geburtshaus übers Sachsenhäuser Ufer hinauf in den Stadtwald. Ist das der in »Faust I« beschriebene Osterspaziergang? Garantiert!

Los geht's am **Goethehaus** (Hirschgraben 6, Mo–Sa 10–18, So/Fei 10–17.30 Uhr, 🕮 Karte 2, F 6), einer getreuen Rekonstruktion des im Bombenhagel des Zweiten Weltkriegs begrabenen Gebäudes, von dem noch der Grundstein erhalten ist, in dem sich Klein-Wolfgang verewigte. Von der Inneneinrichtung konnten nur Goethes Puppentheater und die astronomische Uhr gerettet werden. Vom Hirschgraben (tatsächlich befand sich dort einst ein Hirschgehege) geht's über Paulsplatz und Römerberg am Dom vorbei auf die Fahrgasse und von der Schönen Aussicht auf die Alte Brücke mit dem Portikus. Und dann ist man schon am **Sachsenhäuser Ufer** und läuft unterhalb des Deutschherrnquartiers und des Main Plaza an Schrebergärten vorbei zur malerischen **Gerbermühle** (🕮 L 6; Restaurant, Apfelweingarten direkt am Main). Kurz davor steht das »ICH«-Denkmal von Hans Traxler (► S. 45). Von der Gerbermühle nun ist tatsächlich ein zweimonatiger Aufenthalt von Goethe dokumentiert (1814). Die Frankfurter Familie Willemer hatte hier ihr Sommerhaus bezogen. Der Mittsechziger verliebte sich in die 23 Jahre alte Tochter Marianne; viel später würde sie als Suleika im »West-östlichen Divan« identifiziert werden.

Durch Gartenfelder geht's hinauf nach Oberrad und am Waldfriedhof rechts vorbei in den Sachsenhäuser Landwehrweg, der schon Teil des **GrünGürtels** (► S. 71) ist. Sie erreichen den Waldspielplatz am **Goetheturm** und das **Café Goetheruh** (Mo–So 12–18 Uhr, im Sommer Gartenbetrieb). Eine umgekippte Sandsteinsäule trägt eine Inschrift aus »Faust II« – das Werk des britischen Künstlers Ian Hamilton Finlay (1999). Den schönen Stadtwald muss man nun verlassen: Der Weg führt am Goetheturm vorbei zurück nach Sachsenhausen in den **Wendelsweg,** den man hinabschreitet zum niedlichen achteckigen **Willemer-Häuschen** (🕮 H 8; Ostersonntag–Okt. So geöffnet) am Hühnerweg, dem Gartenhaus der Familie. Dann beginnt ein wenig idyllischer Teil, nämlich zum Wendelsplatz und zur Mörfelder Landstraße. Zurück zum Hirschgraben bieten sich nun Wege an, zu den idyllischeren gehören Textorstraße, Brückenstraße und Eiserner Steg.

1 GEGEN ALLE

Dank neuerer Filmproduktionen ist der hessische Generalstaatsanwalt **Fritz Bauer** wieder vermehrt in den Blick der Öffentlichkeit gerückt. Gert Voss (»Labyrinth des Schweigens«, 2014), Burghardt Klaussner (»Der Staat gegen Fritz Bauer«) und Ulrich Noethen (»Die Akte General«, beide 2015) haben ihm ihre Statur geliehen – und damit ein Schlaglicht auf die Auschwitz-Prozesse in den 1960er-Jahren gerichtet. Denn Fritz Bauer bestand – unterstützt nur vom hessischen Ministerpräsidenten August Zinn – auf der Verantwortung der Deutschen für die Gräuel des Nazi-Regimes, brachte Verantwortliche für das Funktionieren der KZ's vor Gericht. Dies wollte er auch mit dem in Argentinien unbehelligt lebenden Adolf Eichmann tun. Den vom israelischen Geheimdienst Mossad entführten Eichmann beanspruchte Israel allerdings für sich, wo er dann auch zum Tod verurteilt wurde.

Der erste, von Fritz Bauer initiierte Auschwitz-Prozess wurde 1963 vor dem Landgericht Frankfurt eröffnet. Dabei kam das skandalöse Ausmaß an Vertuschung und Verhinderung ans Tageslicht. Die Urteile fielen mild aus – man konnte es sich fast denken.

Pause. Einfach mal abschalten

Wo Sie sich auch gerade befinden, Ruheoasen sind nie weit. Machen Sie's wie die Frankfurter und nehmen sich ein Picknick mit ans Mainufer, es ist die größte und beliebteste Freiluftterrasse der Stadt. Alternativen dazu gibt's auch.

Ist das noch Frankfurt?

Fechenheimer Ufer 🕮 Karte 3, G 2

Nehmen Sie die Tram 11 und durchfahren Sie die von Industrie geprägte Hanauer Landstraße bis zur Endhaltestelle in Fechenheim. Am Main sieht's plötzlich aus wie im Dschungel, Angler halten stoisch ihr Gerät ins sanft fließende Wasser, nur wenige Spaziergänger und Radler verirren sich in diese Idylle. Und ein Gartenlokal mit Flussblick gibt's auch noch.

Tram 11 Haltestelle Schießhüttenstraße

Licht- und Luftbad

Niederrad 🕮 außerhalb D 4

Am anderen Ende der Stadt liegt das Licht- und Luftbad Niederrad. Früher konnte man im Main schwimmen. Das sollte heute besser nicht versucht werden. Übrig blieb dieses Bad, in dem man sich nach Belieben ausstrecken kann. Es ist verschwiegen und ruhig. Das Lilu betreibt einen Kiosk mit Kaffee, Kuchen, Würstchen und Kartoffelsalat.

Niederräder Ufer 10, T 06773 36 53, Tram Haltestelle Blutspendedienst

Erfrischung XL gefällig?

Brentanobad 🕮 Karte 3, E 2

Das größte Becken (220 x 50 m) eines öffentlichen Schwimmbades befindet sich in Frankfurt. Und es ist eins der schönsten der Stadt. Die Nidda fließt, die dichten Laubkronen rauschen, die Nilgänse wackeln. Es ist eines der ältesten Bäder überdies, gehörte einst zum benachbarten Park der berühmten Frankfurter Familie Brentano, die das Gelände 1808 erwarb, um einen Landschaftspark und einen Sommersitz anlegen zu lassen.

Rödelheimer Parkweg, T 069 27 70 89 22 00, U Fischstein

Keine Zeit fürs Grüne?

Katharinenkirche 🕮 Karte 2, F 5

Ein nachmittägliches Orgelkonzert pustet den Kopf auch frei. Und zwar jeden Montag und Donnerstag um 16.30 Uhr in der Katharinenkirche. Prof. Dr. Martin Lücker spielt auf der kostbaren Rieger-Orgel.

An der Hauptache, U Hauptwache

Bezaubernd erholsam

Nebbiensches Gartenhaus

🕮 Karte 2, F 4

Erfrischend ist das im klassizistischen Stil errichtete Nebbiensche Gartenhaus im Anlagenring gleich hinter der Alten Oper. Der ganz bezaubernde Pavillon liegt im erholsamen Grünen mitten in der City und lockt mit ständig wechselnden Ausstellungen, Lesungen, Konzerten und Sonntagsmatineen, die der **Frankfurter Künstlerclub** (frankfurter-kuenstlerclub.de) bestreitet.

Bockenheimer Anlage, U 1, 2, 3, 8 Eschenheimer Tor

In Goethes Obstgarten

Grüneburgpark 🕮 D 3

Wo heute Millionen von Schülern Abi-Partys feiern, lagen einst zwei Obstgärten, die der Familie Goethe gehörten. Sie befanden sich weit vor den Toren der Stadt, auf der ›Grünen Burg‹. 29 ha umfasst der Park mit einladenden Wiesen. Attraktionen sind das Café im oktogonalen **Schönhof-Pavillon** und die sommerlichen Freiluftaufführungen der **Dramatischen Bühne** (www.diedramatischebuehne.de). Der **Palmengarten,** Frankfurts Wohlfühloase Nummer eins (► S. 68) und der Botanische Garten liegen gleich nebenan.

U 6/7 Westend, Bus 36 Simón-Bolívar-Anlage

Mitten in der Stadt und idealstill für ein Reset: der Bethmannpark

Nordends Liebling

Günthersburgpark 🕮 J 2

Morgens, abends und wochenends ist das halbe Nordend auf den Beinen, um im hier unter exotischen Bäumen wie Mammuts oder Schwarzkiefern seine Runden zu drehen. Auf 7,4 ha finden Sie Wiesen, Boule-Bahnen, einen Spielplatz, eine Skulpturenanlage mit Springbrunnen – im Sommer für Kinder toll – und einen Kiosk mit unkomplizierter Gartenwirtschaft. Michi Herls Stalburgtheater (► S. 64) lädt im Sommer zu »Offen Luft«, einem Musik- und Theaterfestival.

Bus 34 Usinger Straße, U4 Bornheim-Mitte

Proletarischer Entenweiher

Ostpark 🕮 K/L 3/4

Wenn Sie im Ostend unterwegs waren, finden Sie den Weg in den wunderbaren Ostpark mit einem immerhin 4,2 ha großen Enten- und Gänseweiher, schattigen Erlen- und Pappelalleen und verträumten Rasenflächen schnell. Dieser ist nicht adligen, sondern proletarischen Ursprungs: Er gehört zum Siedlungsprojekt der Hafenbetriebe des Ostend und sollte zur Erhaltung der ›Volksgesundheit‹ dienen. Heute dient er unserer.

U 7 Eissporthalle

Lieben Sie Chi Gong?

Chinesischer Garten im Bethmannpark 🕮 G 4

Wer ganz stilecht Chi Gong praktizieren mag, geht in den Chinesischen Garten zwischen Nordend und Bornheim. Sobald man die von steinernen Löwen flankierte Eingangspforte hinter sich gelassen hat und das exakt nach den Prinzipien chinesischer Harmonielehre komponierte Kleinod betritt, kehrt Ruhe ein. Garantiert. Die bei einem Brand im April 2017 entstandenen Schäden am Gartenpavillon sollen 2018 behoben sein.

U Merianplatz

Trinken im Hotel?

Früher war es das absolute No-Go und es gab nichts Trostloseres, als spätabends in einer Hotelbar herumzuhängen, außer vielleicht im legendären Jimmy's im Hessischen Hof. Heute dagegen ist es alles andere als einfallslos, sich im Roomer's, im Gekko's im Hilton, im Pure oder im Bambusgarten des Bristol zu verabreden. Im Gegenteil: Für viele sind das die angesagtesten Plätze in der Stadt.

Wenn also die Hotelbars die neuen Hotspots sind, wie sieht's dann mit den Hotels selbst aus? Auch gut! Die Innenstadt hat schöne, traditionelle Luxushotels oder billige Ketten zu bieten. Wer einmal nächtigen möchte, wo schon Thomas Mann seine Nächte verbrachte, der geht in den klassizistischen Frankfurter Hof. Vielleicht reicht das Budget ja für eine ganz besondere Nacht?

Obwohl es mir persönlich dubios erscheint, dass das einst so quer liegende Bahnhofsviertel sich zum Tipp emporgeschwungen hat, ist es Fakt, dass Sie hier spannende, neue Hotels vorfinden, die nicht nur blasser Design-Abklatsch sind. Und jede Menge Hostels natürlich.

Wer sich gerne privat einmietet, braucht keinen Reiseführer, er kennt die Internetportale. Aber wie wäre es einmal mit einem Monteur-Zimmer? Zu finden auf www.frankfurt-pension.de, sind diese weder zentral noch stylish, aber preiswert und geeignet für einen längeren Aufenthalt.

ZUM SELBST ENTDECKEN

Über die Seite **www.frankfurt-tourismus.de** können Sie selbst ein Hotelzimmer buchen. An Wochenenden sinken die Preise in der Regel deutlich. Machen Sie etwas, das in der Ära des booking.com und airbnb geradezu wie Steinzeit aussieht: selbst anrufen und mit jemandem reden. Meistens gibt's ein Entgegenkommen.

Win-Win-Situation: Quietscheentchens Glück ist ein sauberer Hotelgast!

Oase mit Bahnanschluss

Five Elements Karte 2, D 6

Kommunikativ, lebendig und international geht es in diesem sehr freundlichen Hostel zu. Schönes lichtdurchflutetes Café mit Ledersesseln, saubere, helle Zimmer, Patio.

Moselstr. 40, Bahnhofsviertel, T 069 24 00 58 85, www.5elementshostel.de, S/U Hauptbahnhof, 44 Zi., 180 Betten, Bett 19 €, Mehrbettzimmer, Apartments, DZ und EZ, Frühstücksbüfett inkl.

Kommunikativ

Frankfurt Hostel Karte 2, D 6

Etagenhostel in einem altehrwürdigen, komplett renovierten Gründerzeithaus, blitzsaubere und große Zimmer, Café.

Kaiserstr. 74, Bahnhofsviertel, T 069 247 51 30, www.frankfurt-hostel.com, U/S Hauptbahnhof, 170 Betten, 50 Zi., Schlafsaal 19 €, DZ ab 39 €

Toll, die Lage!

Haus der Jugend Karte 2, G 6

Direkt am Main liegt dieses helle Gebäude mit guter Ausstattung und ordentlichen Zimmern. Ist eine der größten Jugendherbergen der Welt, was man aber überhaupt nicht spürt. Internationales Klientel.

Deutschherrnufer 12, Sachsenhausen, T 069 610 01 50, www.jugendherberge-frankfurt.de, S-Bahn Lokalbahnhof, Bus 30 und 36 Elisabethenstraße, 433 Betten, im Schlafsaal ab 19,50 €, EZ/Dusche 38,50 €, Verpflegung von Frühstück bis Vollpension (die Preise sind nach Alter gestaffelt, Angebote für Familien)

Einfach schön

Hotel am Berg G 8

Liegt nicht ganz zentral, ist aber eine reizende Option für alle, die es ruhig haben wollen. Die Zimmer sind individuell und von klassisch bis leicht skurril ausgestattet. Schöner Garten und ein super Preis-Leistungs-Verhältnis.

Grethenweg 23, Sachsenhausen, T 069 660 53 70, www.hotel-am-berg.ffm.de, U/S Südbahnhof, 20 Zi., DZ ab 67 €

Zen-Design

Bristol D 6

Ein fürstlicher Standort sieht anders aus (Nordseite Hauptbahnhof), aber wenn man dann erst einmal drin ist, gibt's nichts als Überraschungen. Es ist ruhig, entspannt, zen-angehaucht, der Service freundlich. Buddhastatuen schmücken die tolle Sommerlounge. Kleine Zimmer, aber für einen Superpreis.

Ludwigstr. 15, Bahnhofsviertel, T 069 24 23 90, www.bristol-hotel.de, U Hauptbahnhof, 145 Zi., DZ ab 85 €

Übernachten Sie für kleines Geld im Haus der Jugend.

Ruhig

Hotel am Zoo H 5

Das nüchterne, aber bequeme und gepflegte Haus liegt ruhig am Zoo, aber auch in guter Laufnähe zur Innenstadt und dem Ostend.

Alfred-Brehm-Platz 6, T 069 94 99 30, Ostend, www.hotel-am-zoo.com, U 6/7 Zoologischer Garten, 79 Zi., DZ ab 70 €

Sechziger-Charme

Hotel National Karte 2, D 7

Irgendwie ist Frankfurt ja auch eine Sechzigerjahre-Stadt, obwohl sich gerade architektonisch alles in diametrale Richtungen bewegt: glitzernde Wohntürme für die Reichen, zuckriges Altstadtfeeling für die Touristen. Das National repräsentiert dagegen eine ordentliche Vico-Torriani-Kulisse, mit der typischen Einrichtung, Teppichboden, leichte Stühle. Nicht ganz leise.

Baseler Str. 50, Bahnhofsviertel, T 069 242 64 80, www.hotelnational.de, U/S Hauptbahnhof, 104 Zi., DZ ab 130 €

Mittendrin und cool

Clarion Collection Karte 2, D 6

Im Bahnhofsviertel dort, wo es nicht ganz so gestylt ist, aber hinter schöner Fassade kommt hier ein Hotel daher mit Lobby im Hundertwasser-Stil und kompakten, guten, ganz in hellen Tönen gehaltenen Zimmern. Ausgezeichnetes Preis-Leistungs-Verhältnis.

Taunusstr. 48, T 069 96 86 98 90, www.clarion-collection-frankfurt.com, U/S Hauptbahnhof, 65 Zi., je nach Ausstattung und Größe ab 43 €

Weiß wie Schnee

Pure D 6

Weißer und klarer geht's nicht als in diesem durchgestylten Hotel in einem historischen Gebäude. Witziger Kontrapunkt ist der Patio mit Deckchairs. Eines der ersten Designhotels im Bahnhofsviertel. Hat kein eigenes Restaurant, aber man kann Essen mitbringen und im Wohnzimmer verzehren.

Niddastr. 86, Bahnhofsviertel, T 069 710 45 70, www.the-pure.de, U Hauptbahnhof, 50 Zi., DZ ab 85 €

Heimelig

Villa Florentina D 5

Dieses kleine Frühstückshotel in einer der typischen schönen Großbürger-Westendvillen ist heimelig, warm, erholsam.

Westendstr. 23, Westend, T 069 974 03 70, www.hotelflorentina.de, U/S Festhalle-Messe, 32 Zi., DZ ab 85 €

Bunt

25hours Hotel by Levi's D 6

Das Hoteldesign badet in bunten Farben, ist witzig, frisch und überraschend. Im Erdgeschoss verwöhnt das angesagte Restaurant Chez Ima der Brüder James und David Ardinast, die Dachterrasse und der Gibson Music Room haben alles, was das Herz eines Amateurmusikers begehrt – Konzerte gibt's auch.

Niddastr. 58, Bahnhofsviertel, T 069 256 67 70, www.25hours-hotels.com, U/S Hauptbahnhof, 76 Zi., DZ ab 71 €

Szenig

25hours Hotel The Goldman K 5

Poppig bunt eingerichtete und individuell gehaltene Zimmer in Frankfurts Szeneviertel Ostend. Mit mediterranem Restaurant im Keep-it-simple-Style und der witzigen Bar Oost. An diesem Hotelstil orientieren sich weitere entlang der Hanauer Landstraße. Eines sind sie alle sicher nicht: heimelig.

Hanauer Landstr. 127, Ostend, T 069 40 58 68 90, www.25hours-hotels.com, U Ostbahnhof, 97 Zi., DZ ab 63 €

Fünfziger stilrein

Fleming's Deluxe Hotel
Karte 2, F 4

Das einzige echte Fünfzigerjahre-Hotel in Deutschland! Im ehemaligen Bayerhochhaus am Eschenheimer Turm wurden die Angestelltenzimmer lupenrein in Hotelzimmer umgesetzt. Tolles Foyer, echter Paternoster, lichtdurchflutetes Restaurant im Erdgeschoss zur grünen Wallanlage hin mit großer Terrasse und Bar im 7. Stock, Panoramablick auf Frankfurt. Nicht billig, aber besonders.

Eschenheimer Tor 2, Innenstadt/Nordend, T 069 427 232-0, www.flemings-hotels.com, U Eschenheimer Tor, 202 Zi., 4 Suiten, ab 115 €

Klassisch schön

Frankfurter Hof Karte 2, F 6

Der Klassiker: Zwar hat das Haus 321 bequeme, klassisch-geschmackvoll eingerichtete Zimmer, doch die Größe sieht man ihm nicht an. Schöne Sommerterrasse, empfehlenswert das besternte Restaurant Français. Luxus pur.

Kaiserplatz 1, Innenstadt, T 069 215 02, www.steigenberger.com, U Willy-Brandt-Platz, ab 170 €

Design oder nicht sein

Gerbermühle L 6

›Standard‹ ist ein Fremdwort in diesem Designhotel, das etwas abseits, aber wunderschön am Sachsenhäuser Mainufer liegt. Jedes Zimmer sieht anders aus. Der Sommergarten ist zweigeteilt, was keine schlechte Idee ist: In einem Teil wird richtig diniert, im Main näheren anderen gibt's Apfelweinküche.

25hours Hotel The Goldman: So wohnt man echt nicht alle Tage!

Gerbermühlstr. 105, Sachsenhausen, T 069 68 97 77 90, www.gerbermuehle.de, S Offenbach/ Kaiserlei, Bus 43, Schiff Primuslinie, 13 Zi., 5 Suiten, DZ ab 90 €

Kunstsinnig

Hotel Nizza Karte 2, E 6

Schönes Künstlerhotel hinter gediegen klassizistischer Fassade mit individuell gestalteten, recht geräumigen und hellen Zimmern. Malerische kleine Innenhöfe. Das sommerliche Highlight ist der Dachgarten.

Elbestr. 10, Bahnhofsviertel, T 069 242 53 80, www.hotelnizza.de, U/S Hauptbahnhof, 26 Zi., DZ ab 113 €, Wochenendtarife günstiger

Wohngemeinschaftsfeeling

Lindenberg's H 5

Das Konzept ist ganz einfach: Man soll sich fühlen wie in einer guten Wohngemeinschaft. Das 12-Zimmer-Hotel in einer schönen alten Ostendvilla ist kunterbunt und individuell ausgestattet, hat eine Wohnküche, in der jeder Gast kochen kann, wenn er will, und eine Kino-Bar. Frühstück, Essen, Wäscheservice etc. kann man dazu bestellen.

Rückertstr. 47, Ostend, T 069 430 59 15 30, www.das-lindenberg.de, U Zoo, ab 99 €. Wer länger bleibt, zahlt weniger.

Szene-Liebling

Libertine Lindenberg Karte 2, G 6

Das neue Lieblingshotel der Szene möchte mehr sein: eine Gemeinschaft von Gästen, die so lange bleiben, wie sie wollen; man kann auch monatsweise mieten. Charmant und individuell eingerichtet, mit hellem Café/Restaurant und einer Wohnküche im Dachgeschoss für gemeinschaftliches Kochen, wo auch schon mal Simon Horn vom ›Seven Swans‹ und ›Blumen‹ vorbeischaut. Die Produkte kann man gleich dazukaufen. Gym, Bühne im Keller, Lesungen, Konzerte.

Frankensteiner Str. 20, Sachsenhausen, T 069 66 16 15 50, www.das-lindenberg.de, Tram 14/18 Frankensteiner Platz, 27 Zi., ab 99 €

Persönliche Handschrift

Villa Orange G 4

Das kleine klassizistische Haus ist ein Bio-Hotel und lebt von seiner stark personalisierten Note. Gepflegt, gediegen und lebendig; hübsche, nicht sehr große Zimmer. Mit Bibliothek und Bar, einmal im Monat jeweils freitags Lesungen und Autorengespräche und Theatergastspiele. Sehr beliebt.

Hebelstr. 1, Nordend, T 069 40 58 40, www.villa-orange.de, U/S Konstablerwache, 38 Zi., DZ 80–105 €

Küche für Widerstandsfähige und Neugierige

Die Frankfurter Gastronomie basiert auf vier Pfeilern: kreativer Szeneküche, Apfelweinlokalen, authentischen ausländischen Spezialitätenrestaurants und Spitzengastronomie. Diese Pfeiler erweisen sich als äußerst nützliche Wegweiser durch den Dschungel an Restaurants, den die Dienstleistungs- und Bankenstadt hat wuchern lassen.

Die tausendste Sandwich-Burger-Hummus-Kneipe im Lounge-Stil oder den Foodtruck will keiner mehr sehen, oder? Dann doch lieber in die urigen Apfelweinlokale gestürzt; ein solches besticht durch eine altgediente Brauereieinrichtung und Holzbänke, auf die man sich quetscht. Die Sitznachbarn werden gegrüßt und auch verabschiedet, das gebietet die Höflichkeit. Zu trinken gibt es Apfelwein, zu essen fast nur Schwerverdauliches: Rindswurst, Frankfurter Würstchen, gekochtes Schäufele (Schulter), Rippchen, Haspel, Blut- und Leberwurst. Die widerstandsfähigsten und neugierigsten sind asiatische Touristen, dafür muss man sie einfach loben!

Auch was Besonderes sind die typischen Einwanderer-Restaurants, die es im Bahnhofsviertel gibt. Das untrügliche Zeichen für Authentizität ist Kantinenatmosphäre, weder Dekokitsch noch rote Seidenlaterne. In einer echten spanischen Taberna zeigt der Fernseher eine Fußballübertragung, egal welche. Da integrieren wir uns zur Abwechslung doch mal selbst!

Feine Innenstadt-Pause à la Medici

ZUM SELBST ENTDECKEN

Food Truck Friday
Früher waren es Wurst-Imbisswagen oder Hähnchenbratereien, jetzt heißt das Ganze supercool Food Truck, und man bekommt auch Steaks, Burger, veganes Eis, Tacos und Eintöpfe. Einmal im Monat schwingen sich die Food Trucker zur Höchstform auf – auf der Butterblümchenwiese vor der Jahrhunderthalle – und garnieren alles mit einem Poetry Slam!
Termine: www.foodtruckfriday.de

Rooftop
Nicht immer muss eine Dachterrasse teuer und ausgebucht sein, wie wäre es mit dem **Leonhard's** in der Galeria Kaufhof auf der Zeil? Das ist ein ganz normales Selbstbedienungsrestaurant im 7. Stock mit verschiedenen kulinarischen Angeboten. Und einem fantastischen Ausblick!
Zeil 116–126, www.dinea.de/frankfurt/

So beginnt ein guter Tag in Frankfurt

Oh, so hip!

Café Karin Karte 2, F 6

Mitten in der Innenstadt hat das Café Karin einen Szene-Bohème-Touch. Ist allerdings nicht grade leise, weil es in zwei hohen Hallen untergebracht ist. Große Auswahl an Frühstücksvariationen, darunter auch vegetarische und vegane, die nach Frankfurter Stadtteilen benannt sind, und viel zum Selbstaussuchen. Lustig sind die abendlichen Etagèren mit Sandwiches. Mit Terrasse.

Großer Hirschgraben 28, Innenstadt, T 069 29 52 17, www.cafekarin.de, U/S Hauptwache, Mo–Sa 9–21, So 9–19 Uhr, Frühstück ab 8,40 €

Ein Muss

Café Laumer D 4

Spielt keine Rolle, ob das Kaffeehaus nun wirklich das tollste in Frankfurt ist oder nicht (was es sein könnte). Aus politisch-gesellschaftlich-historischen Gründen muss mal einfach dort gewesen sein: Hier bekam Theodor W. Adorno während der Studentenunruhen seine Torte ins Gesicht, hier saßen Max Horkheimer und Herbert Marcuse zusammen. Es ist ein Bürgertraum mit einer eigens geschaffenen Bürgertorte, tiefen Sesseln, schönem Garten. Klassische Frühstücksvariationen.

Bockenheimer Landstr. 65, Westend, T 069 72 79 12 www.cafelaumer.de, U Westend, Mo–Fr 8–19, Sa/So 9–19 Uhr

Japanisch-französische Allianz

Café Iimori Karte 2, F 6

Ein Croissant oder lieber ein Grüner-Tee-Brötchen? Das puppenstubenhafte japanische Café öffnet unter der Woche morgens mit einem kleinen Büffet. Samstags gibt's ein großes um die Mittagszeit, sonntags Brunch (10–16 Uhr). Lunch und Dinner sind japanisch ausgerichtet, auch vegane Gerichte sind darunter. Hat im oberen Stockwerk einen kleinen Salon.

Brauchbachstr. 24, Innenstadt, T 069 97 76 82 47, www.cafeiimori.de, U Dom/Römer, Mo–Fr 9–21, Sa/So 10–21 Uhr

Süß!

Cafuchico G 3

Dieses hübsche sommerliche Café muss man mögen, außer man ist ein Griesgram. Frühstücksmenüs werden nicht angeboten, aber auf der umfangreichen Karte steht Vieles, was wirklich brasilianisch schmeckt – so z. B. die Käsebällchen oder die Torten brasilianischer Hausmacher Art. Sehr nett. Man hat auch abends geöffnet. Versuchen Sie die Cocktails und den unvergleichlichen Café Bonbon mit gezuckerter Kondensmilch.

Eckenheimer Landstr. 59, Nordend, T 069 25 42 96 16, www.cafuchico.de, U Musterschule, Di–Do 9–19, Fr/Sa 10–21, So bis 19 Uhr

Groß und behaglich

Café Metropol Karte 2, G 6

Beliebt bei Alternativen allen Alters ist dieses großzügige Kaffeehaus mit tollem Garten direkt am Dom. Qualitätvoll, gut, alle Cafés werden mit Bio-Milch zubereitet, der Tee ist bio-zertifiziert. Umfangreiche Frühstückskarte, für die Proust-Fans mit frisch gebackenen Madeleines. Es gibt auch ein Bio-Frühstück und sonntags ein veganes Frühstück. Backmischungsfreie, super Kuchen und auch gutes Abendessen.

Weckmarkt 13–15, Innenstadt, T 069 28 82 87, www.metropolcafe.de, U Dom/Römer, Di–So 9–1 Uhr, Mittagsmenü 10 €

Herrlich altmodisch

Café Mozart Karte 2, G 5

Klassisches Kaffeehaus, halb verschnörkelt, halb elegant und ziemlich entschleunigend. Mehrere Frühstücksvariationen, darunter die klassische Kaffee-Marmeladenbrötchen-Ei-Version, dazu köstliche Cremetorten und Eiskaffee, kleine Mittagsgerichte; freundliche Bedienung.

Töngesgasse 23, Innenstadt, T 069 29 19 54, www.cafemozart-frankfurt.de, U/S Hauptwache und Konstablerwache, Mo–Sa 8–21, So/Fei 9–21 Uhr

Ist zwar kein Frankfurter Kranz mit Buttercreme, Dessertkirsche und Krokant, schmeckt aber sicher auch gut …

Eleganz am Palmengarten

Café Siesmayer D 4

Elegantes helles Café mit Gartenterrasse zum Palmengarten und zahlreichen Frühstücksvarianten im Angebot, auch eine vegetarische. Gute Auswahl an ausgesuchter französischer Pâtisserie und eine regionaltypische Speisenkarte.

Siesmayerstr. 59, Westend, T 069 90 02 92 00, U 6/7 Westend, tgl. 8–19 Uhr, Frühstück ab 9,20 €

Mutter aller Cafés

Café Wacker Karte 2, F 5

Wer samstags am Kornmarkt ein umlagertes Plätzchen sieht, dürfte am Café Wacker angelangt sein. Das familiengeführte Kaffeegeschäft mit Ausschank gibt es seit 1914. Garantiert keine Pads! Dieses hier ist nicht unbedingt das Beste fürs gemütliche, eher fürs schnelle Frühstück. Da sind die beiden Filialen im Nordend und in der Berger Straße in einem echten Jugendstilhaus besser geeignet.

Am Kornmarkt 9, Innenstadt, T 069 28 78 10, www.wackers-kaffee.de, U/S Hauptwache, Mo–Fr 8–19, Sa bis 18 Uhr, Kaffee ab 2,80 €; Filialen: Mittelweg 47, Grüneburgweg 29, Berger Str. 185

Turkish Delight

Café Simit Karte 2, E 6

Türkisch und großbürgerlich – wer denkt, das schlösse sich aus, kann sich nur blamieren. Großzügig, fein in schlichter Eleganz die Innenausstattung. Zu essen gibt's viel vom türkischen Spezialitätenfrühstück bis zum ganz normalen Croissant. Der Tee wird in orientalischer Tradition in kleinen bunten Gläsern auf einem Silbertablett serviert, der türkische Mokka ebenso. Ein wirklich netter Ort und ein superfreundlicher Service.

Kaiserstr. 44, Bahnhofsviertel, T 069 94 98 51 39, www.cafe-simit.de, U Willy-Brandt-Platz oder Hauptbahnhof, Mo–Sa 7.30–19, So 9–19 Uhr

Szenig

Café Kante H 4

Leicht abgeblätterte Thonet-Stühle, Marmortische: Eine klassische Einrichtung hat dieses szenige und überaus beliebte Café, in dem man sich auch mal ruhig hinsetzen und eine Zeitung lesen kann. Hat den guten Wacker Kaffee im Ausschank. Klassische Frühstücke, Obst, Eierspeisen, Müsli. Mit Garten.

Kantstr. 13, T 069 499 00 83, www.cafe-kante.de, U Merianplatz, Mo–Fr 7–19, Sa/So 8.30–19 Uhr, auch Abendveranstaltungen, Lesungen, kleine Konzerte

Echt orientalisch

MokkaTeeria J 2

Sie hat vielleicht nicht das Glück der feinsten Adresse, ist aber sowas von einem kleinen Umweg wert. Liegt neben Deutschlands schönstem Rewe (in einem ausgedienten Straßenbahndepot), was ja auch ein Ziel an sich wäre. Kombiniert hübschen orientalischen Teesalon, in dem auch türkischer Mokka im Silbergeschirr serviert wird, mit einem Bistrot mit Außenterrasse. Tolle Torten (ohne Rindergelatine), Baklava und Milchreis, dazu Sandwiches, türkische Börek und gefüllte Teigröllchen.

Heidestr. 149, T 069 90 75 90 91, www.mokkateeria.de, Bornheim, U Bornheim Mitte, Mo–Sa 10–22, So 11–22 Uhr, türkischer Mokka 3 €, Torten 3,30 €, Sandwiches ab 5 €

Wohnzimmer
Lesecafé G 7

Wer verrät schon gerne seine Lieblingsplätze? Aber diesen hier möchte ich Ihnen nicht vorenthalten. So kann man einen entspannten Tag auch beginnen – mit einem guten Buch! Das Lesecafé im feinbürgerlichen Sachsenhausen verströmt in einem bezaubernden schattigen Innenhof ungestylten Bistrot-Charme. Bio-Lebensmittel, auch ein veganes Frühstück. Mittagstisch und guter Kuchen. Dazu ausgewählte Zeitschriften, Tageszeitungen und Bücher: Was will man mehr?

Diesterwegstr. 7, Sachsenhausen, T 069 62 14 28, U Schweizer Platz, Mo–Fr 8.30–19, Sa/So 10–18 Uhr, Frühstück ab 5 €

WO ESSEN AUF NACHHALTIGKEIT TRIFFT: VEGETARISCH UND VEGAN

Aus aller Welt
Chimichurri J 2

Tandoori-Reis, Buchweizenbratlinge und Grüne Soße zeigen, dass vegan international ist. Es gibt Falafel, Spieße, Strudel und eine fröhliche Stimmung gratis obendrauf. Einladendes Styling mit dunklem Holz, Kunst und Kerzenleuchtern, moderate Preise.

Im Prüfling 63, Bornheim, T 069 13 82 52 99, www.chimichurri-frankfurt.de, U Seckbacher Landstraße, Di–Fr 18–23, Sa 18–24, So 10–23 Uhr, So mit Brunch, Flammkuchen 9 €, Grüne Soße 8 €

Türkisch fleischlos
Çiğköftem Karte 2, E 6

Die namengebenden Çig Köfte sind normalerweise ziemlich fleischlastig, Ali Ülger und Burc Recep Ak servieren aber in ihrem freundlichen Imbiss die fleischlose Version: eine Paste aus Weizen, Tomatenmark, Chili, Kräutern, Salat und viel Zitrone, die sich, eingewickelt in einen Weizenfladen, Dürüm nennt.

Münchener Str. 20, Bahnhofsviertel, T 069 36 60 23 72, U Willy-Brandt-Platz, tgl. 11.30–22 Uhr, Dürüm ab 3 €

Phantasie an die Macht
Wiesenlust H 4

Manchmal frage ich mich, warum vegane oder vegetarische Restaurants asketisch aussehen müssen? Dieses hier ist auch so eines, hell, mit ein bisschen Bunt. Das Essen ist hervorragend: Suppen, Salate, tolle phantasievolle Burger (einen auch mit Fleisch, sonst mit Kernbratlingen), Fritten, Dips, Kuchen – köstlich alles. Gute Idee: Die Burger kann man in einer kleinen und einer normal großen Version haben.

Berger Str. 77, Nordend, T 069 90 43 64 70, www.wiesenlust.de, U Höhenstraße, Mo–Do/So 11–22, Fr/Sa 11–23 Uhr, Burger ab 7 €

Persisch spezial
Arche Nova im Ökohaus A 4

Ist sozusagen die Mutter der vegetarischen Restaurants im allerersten Energiesparhaus Frankfurts, das 1992 eingeweiht wurde. Praxen, Redaktionen, Designer arbeiten hier. Das Haus sieht ein bisschen aus wie ein Schiff, und das recht kleine Restaurant auch, lichtdurchflutet und grün. Neben veganer und vegetarischer Küche besticht es durch seine authentisch persischen Spezialitäten, der Mittagstisch ist dagegen preiswert und eher das Übliche.

Kasseler Str. 1a, Bockenheim, T 069 707 58 59, www.restaurant-archenova.de, S Westbahnhof, Mo–Sa 11.30–24, So 11.30–17 Uhr, Gerichte 7–20 €

INSTITUTIONEN UND SZENETREFFS

Français
Erno's Bistro D 4

Vielleicht ist es ein bisschen merkwürdig, ein französisches Restaurant an erste Stelle zu setzen, aber Erno's Bistro vertritt seit über 40 Jahren beste französische Küche und hat sich damit das Etikett ›Institution‹ mehr als verdient. Dabei kommt es ganz unspektakulär als Bistro daher. Terrasse. Unbedingt reservieren.

Liebigstr. 15, Westend, T 069 72 19 97, www.ernosbistro.de, U Westend, Mo–Fr 12–14.30 und ab 18.30 Uhr, Hauptgerichte um 40 €

Das Größte

Größenwahn (Karte G 2)

Der angestammte Nordendler geht in den Größenwahn, der einst als linke Szenekneipe mit Café begann und sich zum Kunst-Restaurant mit mediterranem Akzent wandelte. Sehr faire Preise und freundlicher Service. Immer voll, immer nett – unbedingt vorbestellen. Terrasse und Garten.

Lenaustr. 97, Nordend, T 069 59 93 56, www.cafe-groessenwahn.de, U Glauburgstraße, tgl. ab 16 Uhr, Gerichte um 15 €

Schnitzel Inder

Eintracht-Gaststätte (Karte F 4)

Speiselokal der Turnabteilung der Frankfurter Eintracht. Der indische Inhaber offeriert Handkäs, Schnitzel und Würstchen neben einer imposanten Anzahl indischer Gerichte wie Somozas, Pakoras, Tandoori. Gut gelaunter und netter Service, es gibt auch spätabends noch was. Für Latte-Macchiato-Trinker zu unschick. Sommerterrasse.

Oeder Weg 37, Nordend, T 069 55 35 40, U Eschenheimer Tor, Gerichte ab 10 €

MEINE LIEBLINGS-APFELWEINLOKALE IN SACHSENHAUSEN

Atschel: Wallstr. 7 (Karte 2, G 7), T 069 61 92 01, Bus 30, 36 Affentorplatz, tgl. 12–23 Uhr. Hat eine richtig gute Küche, empfehlenswert: Blut- und Leberwurst.

Fichtekränzi: Wallstr. 5 (Karte 2, G 7), T 069 61 27 78, www.fichtekraenzi.de, U 1–3 Südbahnhof, tgl. ab 17 Uhr, Gerichte um 13 €. Behutsam modernisierte Traditionsgaststätte (seit 1849!) mit schönem Garten und guter Küche (Rindswurst, Schäufelchen, international Angehauchtes).

Kanonesteppel: Textorstr. 20 (G 7), U 1–3 Südbahnhof, T 069 61 18 91, tgl. 12–23 Uhr, Gerichte ab 9 €. Gute Tradition, kastanienbestandener Garten. Besonders fein ist die Grüne Soße.

Proletariat Schreiber-Heyne: Dreieichstr. 45 (G 7), T 069 67 73 43 00, Tram Frankensteiner Platz, U/S Südbahnhof, tgl. ab 17 Uhr, Gerichte ab 7,80 €. Bunt und urig.

Zum Gemalten Haus: Schweizer Str. 67 (F 7), T 069 61 45 57, www.zumgemaltenhaus.de, U Schweizer Platz/Museumsufer, Di–So 10–24 Uhr, Gerichte um 10 €. Das Besondere sind die Wandbilder und die deftigen Sprüche der Kellner. Das Essen ist auch gut, z. B. die Ochsenbrust. Touristenmagnet!

Tradition

Fisch Franke Karte 2, G 5

Zugegeben, dieses Restaurant kannte schon meine Großmutter. Vielleicht ist das Publikum deswegen nicht gerade das hippste. Aber egal, bei Fisch Franke kommt die klassische Fischküche zu fairen Preisen auf den Tisch. Neben Bistro und Restaurant gibt es auch eine Fisch- und Meeresfrüchtetheke für den Straßenverkauf.

Domstr. 9–11, Innenstadt, T 069 29 62 61, www.fischfranke.de, U/S Konstablerwache, Mo–Fr 9–21, Sa 9–17 Uhr, Gerichte 9–20 €

Japanisch

Mikuni Karte 2, G 5

Raten Sie mal, welches Restaurant Japaner aufsuchen, wenn sie auf Durchreise sind. Im alteingesessenen Mikuni werden Sushi vor Ihren Augen an der Theke gerollt, aber das ist ja wohl die geringste Anforderung, die japanische Küchenchefs meistern. Wenn Sie wissen wollen, wie Japan schmeckt, dann lassen Sie mal die Sushi beiseite. Tolle Suppen, selbst gemachte Nudeln in einem schlichten Interieur.

Fahrgasse 91–95, Innenstadt, T 069 28 36 27, U/S Konstablerwache, Mo–Sa 12–14, 18.30–22 Uhr, Suppen ab 7 €

Liebster Grieche

Nibelungenschänke G 2

Nicht wenige halten ihn für den besten Griechen der Stadt. Salis Miliadis bietet seit einer gefühlten Ewigkeit eine feine griechische Küche, die er vom Ruch des Bäuerlichen und Simplen befreit hat. Seine Karte ist differenziert und mit vielen täglichen Empfehlungen ausgestattet, ebenso wie die Weinkarte. Und vorweg für alle: feines Olivenöl, Brot und Oliven, das Wasser mit frisch geschnittenen Kräutern nach Wunsch aromatisiert. Diese Gastfreundschaft überzeugt. Sehr sympathisch, toller Garten, Raucherraum.

Nibelungenallee 55, Nordend, T 069 55 42 44, www.nibelungenschaenke.de, U Nationalbibliothek, Mo–Sa 11.30– 15 und ab 17, So ab 11.30 Uhr, Gerichte ab 12 €

Fußball

Centro Gallego Karte 2, G 5

Wer sich wie in einer spanischen Taberna fühlen will, trifft eine exzellente Wahl, wenn er ins Centro Gallego geht. Im Untergeschoss üben die Kids Flamenco, an der Bar läuft der Fernseher mit einer Fußballübertragung (oder der Wiederholung einer Fußballübertragung), es gibt sagenhaften *pulpo a la gallega* und zur gegrillten Sardine dicke Pommes spanischer Machart. Auch hier ist das Etikett ›Institution‹ mehr als gerechtfertigt.

An der Staufenmauer 14, Innenstadt, T 069 21 99 58 40, www.cc-gallego.de, U/S Konstablerwache, Tapas ab 5 €, Di–So 12–24 (Küche bis 23) Uhr

Lässige First Class

Blumen H 3

Vielleicht der verblüffendste Erfolg in Frankfurt: Der junge Simon Horn etablierte in einem winzigen Café mit Bohème-Flohmarkt-Touch eines der angesagtesten und besten Restaurants – und hat leider nur Platz für gerade mal 18 Gäste. Serviert werden kreative Vier- oder Sieben-Gänge-Menüs mit regionalen, nachhaltig produzierten Produkten und überraschenden Zusammenstellungen. Dabei sind sie durchaus erschwinglich. Unbedingt reservieren.

Rotlintstr. 60, Nordend, T 069 49 08 65 10, www.rotlint60.de, U Friedberger Platz, Di–Sa ab 19 Uhr, Mo/So n. V., Menüs 40–75 €

Bester Imbiss

Alims Fischimbiss Karte 2, E 6

Wirkt simpel und ist Kult: Alims Fischimbiss, wo man Fisch und Meeresfrüchte auch kaufen kann, braucht keine große Werbung, seine Qualität hat sich herumgesprochen. Frankfurter aus anderen Stadtteilen gehen hier zum Essen hin. Einfache Kantinenatmosphäre, kleine Preise. Ich persönlich finde die Sardinen am besten. Ist jetzt nicht das feine Abendrestaurant, besser zum Mittagessen geeignet, dafür supergünstig und richtig nett.

Münchener Str. 35, Bahnhofsviertel, T 069 27 13 46 90, U Willy-Brandt-Platz, tgl. 10–22 Uhr

Zum Sitzenbleiben

Chairs J 2

Erst kam sie einem wie eine liebenswerte Marotte vor, diese Ansammlung von Designerstühlen unter Kerzenleuchtern, frisch oder ausrangiert. Und jetzt? Es ist eines der besten und unkompliziertesten jungen Restaurants, sehr freundlich alles mit einer übersichtlichen Karte mit regionalen Produkten, so wie es sich für ambitionierte Köche gehört. Man erfährt auf einer Extrakarte, woher die Produkte bezogen werden. Tipp: Wenn Sie Lust auf Fleisch haben, essen Sie es hier, denn es ist bio. Höchstens drei Varianten zur Auswahl.

Gronauer Str. 1, Bornheim, T 069 48 44 69 22, www.chairsffm.de, Bus 34 Prüfling, tgl. ab 18 Uhr, Schnitzel 22 €, Salate 16 €

Indisch-marokkanische Fusion

Eat and Art E 1

Ein bisschen Marokko, ein bisschen Indien und auch ein bisschen Hessen – auf alle Fälle eine sehr entspannte Mischung zeichnet dieses nicht gerade im prickelndsten Stadtviertel gelegene Restaurant aus. Es erwarten Sie eine Lounge mit Sitzkissen, ein asiatisch inspirierter Bambusgarten unds ehr nette Wirtsleute, die auch Kulturveranstaltungen, Lesungen und Konzerte organisieren. Vermutlich sind Sie der einzige Tourist.

Marbachweg 357, Dornbusch, T 069 46 99 42 74, www.eatnart.de, U Dornbusch, Mo–Sa ab 18 Uhr, Gerichte um 12 €

Stilvoll

Heimat Karte 2, F 6

Dieses kleine und feine Weinlokal logiert in einem wunderschönen Art-déco-Pavillon von 1956 – innen warmes Holz, rundherum verglast. Ausgesuchte Weinkarte, kleine, feine Speisenkarte, alles bio. Beliebt bei Besuchern des nahen Opern- und Schauspielhauses – nach der Aufführung kann man hier gut eine exquisite Käseplatte verspeisen.

Münchner Str. 18, T 069 76 75 83 62, Bahnhofsviertel, maxieeisen.com, U/S Hauptbahnhof, Mo–Mi 11.30–23, Do–So 11.30–24, Bar ab 18 Uhr, Gerichte 9–15 €, Weine ab 7 €

Mit Pastrami zum Erfolg

Maxie Eisen Buvette Karte 2, E 6

Kein schlechtes Rezept, dem Restaurant den Namen eines jüdischen Mafiabosses zu geben und Pastrami-Sandwiches zu servieren. Dazu eine coole Innenausstattung aus bunt zusammengewürfelt wirkendem Mobiliar, was allerdings pures Design ist. Auf alle Fälle hat sich das Maxie Eisen in Rekordzeit zu einem der beliebtesten Mittagstische im Bahnhofsviertel entwickelt. Auf der Karte finden Sie auch Salate, Suppen, selbst gemachte Pickles.

Münchener Str. 18, T 069 76 75 83 62, Bahnhofsviertel, maxieeisen.com, U/S Hauptbahnhof, Mo–Mi 11.30–23, Do–So bis 24 Uhr, Bar ab 18 Uhr, Gerichte 9–15 €

Lounge Hotspot

VaiVai E 4

Schick, jung, stilvoll, die Einrichtung mit Stahl, Glas, Holz (von alten Schweizer Berghütten): Dieses sehr gute italienische Szene-Restaurant mit Lounge und Bar ist ein richtiger Hotspot geworden. Besonders am Wochenende.

Grüneburgweg 16, Westend, T 069 90 55 93 05, www.vaivai.de, U Grüneburgweg, tgl. ab 17.30 Uhr, Vorspeisen um 10 €, Pasta ab 14 €

Cooler Kiosk

Aroma F 3

Im Nordend unterwegs und am späteren Abend knurrt der Magen? Für beste Abhilfe sorgt der Aroma-Kiosk, und vermutlich werden Sie auf eine lange Warteschlange stoßen, denn der Laden ist unglaublich beliebt. Hier wird das beste Falafel weit und breit serviert. Igal Shuminov hat sich auf nordafrikanisch- orientalische Köstlichkeiten spezialisiert, Hummus, Auberginenmousse und mehr – alles in feiner Qualität zu kleinen Preisen. Er hat jetzt auch einen zweiten Kiosk im Oeder Weg 39, aber ich mag den am Adlerflychtplatz lieber, weil es dort grün ist und es Bänke gibt und man sich auch mal setzen kann.

Adlerflychtplatz 1, Nordend, T 069 25 71 75 46, www.aromaffm.de, U Musterschule, tgl. ab 11 Uhr

Ein Darling des Westends ist das VaiVai.

EXPERIMENTIERFREUDIG UND UNGEWÖHNLICH

Innovativ vegetarisch

Seven Swans Karte 2, G 6

Schon das Restaurant ist besonders, untergebracht nämlich im schmalsten Haus Frankfurts am Mainufer, sieben Stockwerke hoch, wovon zwei für das Restaurant bestimmt sind. Lichte, leichte Möbel sind da ein Muss. Und die Küche: ziemlich spektakulär regional und vegetarisch in kräutergewürzten Kombinationen. Die Zutaten sind von bester Qualität, die Rezepte scheinbar simpel. Das Gemüse stammt dem eigenen Bio-Anbau. Reservierung unerlässlich.

Mainkai 4, Innenstadt, T 069 21 99 62 26, www.sevenswans.de, U Dom/Römer, Di–Sa ab 18.30 Uhr

Künstler-Mittagstisch

Freitagsküche D 6

Ursprünglich kochten hier freitags die Künstler aus dem Atelierhaus Frankfurt in der Hohenstaufenstraße für sich und ihre Freunde, jetzt gibt's Essen für alle. Man bestellt am Tresen und bekommt eine Abholnummer, gegessen wird an gedeckten Tischen, und zwar sehr gut und preiswert. Die Macher haben jetzt auch das Restaurant im MMK 1 übernommen.

Mainzer Landstr. 105, im Hinterhaus, Bahnhofsviertel, http://freitagskueche.de, U/S Hauptbahnhof, Mo–Do 11.30–17.30, Fr 11.30–14 und ab 19 Uhr, Hauptgerichte 7–14 €

Der Shooting Star

Atelier Wilma F 7

Das Michelin-prämierte ›Lafleur‹ im Palmengarten, das hochgelobte Restaurant im Tigerpalast – alles feine Adressen, aber der jetzige Darling heißt Michael Riemenschneider und führt das Atelier Wilma, in dem nur 20 Gäste Platz haben, in Sachsenhausen. Es gibt ausschließlich Menüs zu essen, ganz kleine und riesengroße. Die Gerichte sehen aus wie gemalt, und immer sind sie eine Überraschung, denn man weiß nie, was kommt. Betont lässige Atmosphäre.

Schneckenhofstr. 11, Sachsenhausen, T 069 97 69 16 76, www.atelierwilma.de, U Schweizer Platz, Mo–Fr 12–15 und 18–22 Uhr, Menüs ab 39 €

Ziele abseits der Zeil

Das Ziel für teure Mode, Accessoires, Schuhe und Juweliere in der Innenstadt heißt Goethestraße. Jimmy Choo, Jil Sander, Akris, Gucci, Prada, Armani, Tiffany und Versace liegen Tür an Tür. Die parallel verlaufende Fressgass galt einst als Eldorado der Feinkostgeschäfte, doch sind nur noch wenige übrig geblieben. Ansonsten säumen Restaurants, Cafés amerikanischer Ketten und Einzelhandelsgeschäfte die recht kurze, aber hübsche Flaniermeile, die auf den Opernplatz zusteuert.

Rund um Fahrgasse und Kaiserdom befindet sich das **Revier der Kunst- und Antiquitätenfans.** Historisches Museum, Museum für Moderne Kunst, Schirn und Städtischer Kunstverein bilden den adäquaten Rahmen für zahlreiche Galerien.

Die Bilanz stimmt auf der **Zeil:** Hier wird der bundesweit höchste Umsatz von allen deutschen Einkaufsmeilen getätigt. Alle großen Einkaufs- und Modehäuser konzentrieren sich hier. Nur die Parfümerie Koppberger verteidigt wie das berühmte gallische Dorf ihren Platz und erfreut sich großer Beliebtheit bei allen, die die klassische Beratung von weißbekittelten und gut geschminkten Verkäuferinnen zu schätzen wissen.

Tipp: Ein wenig abseits vom Zentrum liegt das großzügige, gar nicht überlaufene **Skyline Plaza** im neuen Europaviertel jenseits des Hauptbahnhofs. Und die **Töngesgasse** ist ein Dorado für altmodische Fachgeschäfte von der Unterwäsche bis zur Angel.

Schräg und schön für FlanierkundInnen: Skyline Plaza

ZUM SELBST ENTDECKEN

Lust auf Fundgrube? Im **Bahnhofsviertel** liegen asiatische Supermärkte neben Boutiquen mit indischer und pakistanischer Mode, mit Goldschmuck und Schuhen aus arabischen Ländern, mit rosenduftender Patisserie aus Afghanistan, mit Kosmetika und Haaröl aus Afrika und Unterwäsche aus Kolumbien.
Auf den klassischen Flaniermeilen **Oeder Weg** und **Berger Straße** im Nordend finden Sie Designläden, Modegeschäfte junger Stylisten, Boutiquen, ganz normale Papierwarenhandlungen und viele Cafés.
Individueller kommt die **Brückenstraße** in Sachsenhausen daher. Mittlerweile streckt die Szene ihre Fühler auch in die Nachbarschaft – Wall-, Schul- und Schifferstraße – aus.
Die schicke **Schweizer Straße** galt immer schon als gutbürgerliches Einkaufsquartier.

MODE UND ACCESSOIRES

Business! Aber mit Stil

Ruth Löffelholz D 4

Dass man sich auch in den Chefetagen nicht graumäusig kleiden muss, beweist Ruth Löffelholz mit ihren Kollektionen. Obwohl: *Chichi* oder *froufrou* kommt ihr nicht ans Kleid. Dafür aber sehr gute Jersey-Qualitäten – sie bezieht sich auf Coco Chanel –, klassische Schnitte, und ein bisschen Knalleffekt ist auch dabei, aber eher verborgen. Das kann ein glänzendes Material sein oder eine Raffung. Boutique und Maßanfertigung.

Friedrichstr. 26, Westend, T 069 72 23 03, www.ruth-loeffelholz.de, U Westend, Di–Fr 11–18, Sa 11–15 Uhr

Originelle Details

Baldessarini Karte 2, E 5

Stilvoll, edel und mit originellen Details – so präsentiert sich die Herrenkollektion von Baldessarini: Anzüge, Sakkos, Freizeitmode, Sportswear, Schuhe, Accessoires.

Opernplatz 2, Innenstadt, T 069 21 65 79 18, www.baldessarini.com, U Alte Oper, Mo–Sa 10–20 Uhr

Klasse Auswahl

Brauneis Karte 2, F 5

Citizens of Humanity, Dorothee Schuhmacher, Kenzo, Diane von Fürstenberg, Schuhe von Pura Lopez, Jeans von 7 for all mankind und weitere Modelabels in einem mit Understatement gestylten Laden. Ist für Männer und Frauen gleichzeitig da.

Große Eschenheimer Str. 43, Zentrum, T 069 297 85 92, U Eschenheimer Turm, Mo–Fr 10.30–20, Sa 10.30–18 Uhr, zweiter Store in der Börsenstr. 1

Überraschung

Freud / GoyaGoya Karte 2, G 7

Elena Zenero Hock entwirft und schneidert Röcke, Oberteile, Kleider und Mäntel aus feinen Wollmischstoffen und hochwertigen Jerseys in schlichten Schnitten, aber mit sparsam gesetzten, verspielten Details. Große Liebe: dicke Tupfen. Als »surrealistische Commedia dell'Arte« wurde ihr Stil einmal beschrieben. (Die Autorin ist große Anhängerin.)

Elena Zenero und ihre Kleider

Brückenstr. 42, Sachsenhausen, T 069 66 56 33 16, www.goyagoya.com, U Schweizer Platz/Museumsufer, Mo–Fr 11–20, Sa 11–17 Uhr

Mode-Kunst

Hayashi Karte 2, F 5

Mode trifft Kunst – kein Wunder, dass Helmut Lang, lala Berlin, Kenzo und Manoush in dem als Kunstwerk gestalteten Showroom vertreten sind. Unbedingt mal reinschauen. Die Besitzerin Kerstin Görling ist Modebloggerin und Style-Expertin, stets auf der Suche nach femininen Outfits, die witzig und stilvoll gleichzeitig sind und vor allem Spaß machen sollen.

Börsenplatz 13–15, Innenstadt, T 069 21 99 72 55, www.hayasi-shop.com, U/S Hauptwache, Mo–Fr 11–19, Sa 11–18 Uhr

Elegant, schlicht und schön

Lili Maras Karte 2, F 7

Sie könnte die Marlene Dietrich unter den Designerinnen sein: Zurückgenommene Silhouetten aus erstklassigen, meist unifarbenen Materialien bestimmen die Linie, feminin und wirkungsvoll sind ihre Entwürfe. In ihrer Mode macht sich niemand lächerlich, egal welchen Alters. Salon, kein Ladengeschäft.

Schweizer Str. 7, Sachsenhausen, T 069 50 62 89 89, www.lilimaras.de, U Schweizer Platz/Museumsufer, Do/Fr 11–19, Sa 11–16 Uhr

Originell und tragbar

Ookoko Karte 2, G 7

Aus dem argentinischen Rosario stammt die reizende Besitzerin, die sich jungen spanischen Labels abseits von Desigual, nämlich Divina Providencia und Amarillolimon, widmet. Dazu verspielt-witzige Sachen von King Louie sowie Möbel und Design von Felix Lozal.

Brückenstr. 33, Sachsenhausen, T 069 25 53 60 64, www.ookoko.eu, U Schweizer Platz/Museumsufer, Mo–Sa 10–19 Uhr

Pfiffig Fifties

Peggy Sue Karte 2, G 7

Femininer Salon mit Mode, Schmuck und Accessoires im Stil der Fünfzigerjahre. Alles sehr weiblich, sehr verspielt und hübsch. Im Laden selbst: gute Stimmung!

Wallstr. 20, Sachsenhausen, T 069 90 43 72 23, www.peggysuefrankfurt.de, U Schweizer Platz, Di–Fr 11–19, Sa 11–17 Uhr

VINTAGE UND SECOND HAND

Gut sortiert

Aschenputtel Karte 2, F 5

Ein Hauch von Boudoir-Atmosphäre umweht diesen perfekt sortierten Laden mit der richtigen Mischung aus teuren Designern und preiswerten Angeboten. Männliche Begleitung wirkt hier irgendwie fehl am Platz.

An der Kleinmarkthalle 11, Innenstadt, T 069 28 52 09, U Dom/Römer, Mo–Fr 10–19, Sa 10–16 Uhr

Modisch

Escatira H 4

Ohne viel Chichi hängen hier die Designklamotten neben Modelabels der großen spanischen und US-amerikanischen Ketten fürs gemischte Publikum. Schuhe und Stiefel und eine Schmuckkollektion.

Berger Str. 47, Nordend, T 069 44 02 91, U Merianplatz, Mo–Fr 10–19.30, Sa 10–16 Uhr

Floh- und Antikmärkte

Der klassische Flohmarkt schlägt jeden Samstag alternierend die Stände am **Museumsufer** (F 6/7, zwischen Eisernem Steg und Städel) und in der **Lindleystraße** (K/L 5) im Ostend auf. Am Museumsufer ist das Sortiment teurer, im Ostend sind auch preiswertere Waren vertreten (Termine: www.hfm-frankfurt.de/flohmarkt.html).
Antikmärkte auf der **Konstablerwache** (G 5; 1. Mai und 3. Okt.).
Einmal im Monat sonntags pilgern Flohmarkt-Flaneure zum privat betriebenen Flohmarkt mit Trödel, Elektrowaren, Kleidung, Schmuck und Möbeln vor der **Eissporthalle am Ratsweg.**
Die **Pfaffenwiese,** genauer gesagt eigentlich der Parkplatz vor der Jahrhunderthalle Höchst (Karte 3, E 2), wird in unregelmäßigen Abständen Schauplatz eines Trödelmarktes, und zwar ein halbes Wochenende lang.
Und im **Casino der Jahrhunderthalle** findet unregelmäßig ein Nostalgiemarkt statt. Dort haben auch professionelle Händler Zugang.
Zum **Nachtflohmarkt Marché de Nuit** trifft man sich im Zoo-Gesellschaftshaus (Bernhard-Grzimek-Allee 1, H 5).

Alle Termine und Adressen: www.markt.com, www.flohmarkt-termine.net

Fundgrube forever

Oxfam verschiedene Orte

Immer wieder für Überraschungen gut sind die Oxfam-Läden im Nordend, Sachsenhausen und in Bockenheim.

Oeder Weg 28 (F 4), Nordend, Mo–Fr 10–19, Sa bis 15 Uhr; Schweizer Str. 57 (F 7), Sachsenhausen; Leipziger Str. 54 (B 4), Bockenheim; alle Mo–Fr 10–19, Sa bis 15 Uhr

DESIGN, GESCHENKE, KURIOSES

Art-déco-Schmuck

Kunsthandel Leichter Karte 2, G 5

Stilvoll präsentierte Möbel, Objekte, Kunst und Schmuck von Jugendstil bis Art déco.

Ookoko scheint viele Freunde zu haben …

Fahrgasse 27, Innenstadt, T 069 29 23 85, www.kunsthandel-leichter.de, U/S Konstablerwache, Mo–Fr 11–18, Sa 11–15 Uhr

Design-Kaufhaus
Ikarus K 5

Bei Ikarus gibt's zwar vor allem Möbel von ausgewählten Designern auf vier Stockwerken, die man schlecht als Reisesouvenirs mitnehmen kann, aber auch ausgefallene Objekte und dazu netten Schnickschnack, der nie albern ist, sondern stets präsentabel, Vasen, Kalender, Kerzenleuchter, Bilder.

Hanauer Landstr. 136, T 069 943 18 20, www.ikarus.de, Tram 11 oder U Ostbahnhof, Mo–Fr 11–20, Sa 10–18 Uhr

Nordendstil
Noord G 3

Steht hier stellvertretend für die kleinen Nordend-Läden voller Interior Design, Kosmetik und Badezusätzen, Wäsche und Schmuck, von den Inhabern selbst zusammengestellt; ein Schatzkästlein für den Geschenkesucher. Die vertretenen Marken hochwertig, der Laden und die Verkäuferinnen freundlich und zurückhaltend.

Friedberger Landstr. 119, Nordend, T 069 59 79 96 80, www.noord-frankfurt.de, Tram Friedberger Platz, Di–Fr 10.30–19, Sa 10.30–16 Uhr; weitere Tipps über www.mittleres-nordend.de

Nachhaltig
Brot und Rosen
Samt und Sonders H 2

Waren aus nachhaltig produzierten Materialien, geschaffen von Näherinnen, die lange arbeitslos waren oder Migrantinnen sind. Da muss man einfach hin und sich die Kinderschuhe, die Schürzen, das Spielzeug und die Hausschuhe ansehen. Alles ist bunt und fröhlich und in einem schönen hellen Laden untergebracht. Dazu lockt eine gut sortierte Secondhand-Boutique.

Rohrbachstr. 62, Nordend, www.zefra.de, Tram Rohrbachstraße/Friedberger Landstraße, Di, Do, Fr 10–18 Uhr

Für Adlerfans
Eintracht Shop Karte 2, F 6

Für Eintrachtfans eine überaus wichtige Adresse. In dem vollgestellten Geschäft gibt's nicht nur Tickets und die aktuelle Auswahl an Trikots zu erstehen, sondern auch Badelatschen, Babystrampler, Bettwäsche und Gartenzwerge, Bierdeckel, Servietten, Krüge und Gläser, Osterhasen, Christbaumkugeln und Weihnachtsmänner – alle mit dem Eintracht-Logo, nichts bleibt verschont.

Bethmannstr. 19, Innenstadt, T 0800 743 18 99, www.eintracht.de, U/S Hauptwache, Mo–Fr 10–18, Sa 10–16 Uhr

Frankfurter Würstchen ohne Senf? Geht gar nicht …

Weißes Gold am Main

Höchster Porzellanmanufaktur westl. A7

Besteht seit 1746 und darf ein ebensolches Renommée sein Eigen nennen wie die Meißener. Höchster Porzellan ist in gut sortierten Haushaltswarengeschäften erhältlich, wie z.B. im obertraditionellen **Lorey,** wo sich halb Frankfurt Hochzeitslisten auslegen lässt, aber schöner einzukaufen ist es direkt im Porzellanhof in Höchst (► S. 75), wo sich die Werkstätten befinden. Figurinen nach klassischen Vorbildern, Dürers Hase aus Porzellan, Lampen, Vasen, Lampenschirme – alles zurückhaltend und leicht präsentiert.

Palleskestr. 32, Höchst, www.hoechster-porzellan.de, S Höchst, Mo–Fr 9.30–18, Sa 9.30–14 Uhr

Bürsten mit Stil

Bürstenhaus Karte 2, F 5

Wir lieben die Traditionsgeschäfte auf der Töngesgasse, und das Bürstenhaus ist eines davon. Dass die Produkte einen hohen Standard haben und handgefertigt sind, versteht sich von selbst. Wenn man mal drin ist, vergisst man jede Bürste, die man in einem Drogeriemarkt oder sonstwo erstanden hat, das muss ein Fehler gewesen sein. Dieser Laden hat Stil – und sogar besondere Bürstchen zum Reinigen von Steckdosen. Keine Selbstbedienung, aber auch das versteht sich ja von selbst.

Töngesgasse 27, Innenstadt, T 069 28 33 13, www.buerstenhaus.de, U/S Hauptwache oder Dom/Römer, Mo–Fr 9.30–19, Sa 9.30–16 Uhr

DELIKATESSEN UND LEBENSMITTEL

Das Würstchen

Gref-Völsing's K 5

Wer sich mit Frankfurter Würstchen eindecken will, was ja nachvollziehbar ist, der findet sich im Dschungel der Anbieter nicht leicht zurecht. Ein Wettbewerb kürt jährlich den besten Metzger für die Frankfurter, aber meiner z. B. sagt, die kauft er nicht ein, die kommen aus Neu Isenburg. Gut, also dafür ab in die Kleinmarkthalle und ausprobieren. Aber ein anderes Würstchen ist unbestritten rein: das Rindswürstchen von Gref-Völsings. Prall, rot, knackig, einfach toll. Das kauft man in der Metzgerei an der Hanauer Landstraße (► S. 61) oder bei anderen ausgewählten Anbietern.

Hanauer Landstr. 132, Ostend, T 069 43 35 30, www.gref-voelsings.de, Tram/U Ostbahnhof, Mo 7–14, Di–Fr 8–18, Sa 7–13 Uhr

Qual der Wahl

Frankfurter Senfgalerie Karte 2, F 7

Zum Würstchen gehört Senf, aber welcher? Soll es ein Grüner-Soßen-Senf sein oder ein Römersenf mit Karamellakzent? Oder vielleicht einer mit Pfeffer? Oder gar der Adlersenf? Insgesamt 150 Sorten, Chutneys und Saucen verkauft dieser Familienbetrieb in seiner Galerie.

Schweizer Str. 18, Sachsenhausen, T 069 736 60 44 33, U Schweizer Platz/Museumsufer, Di–Fr 10–18.30, Sa 10–16 Uhr

Tradition ist Kult

Kaffeerösterei Wissmüller B 4

Dies ist die einzige noch existierende

Frankfurter Rösterei in Familienbetrieb. Der Verkaufsraum und die Rösterei wirken wie aus alter Zeit. Riesige Auswahl, natürlich auch Fair Trade, viel Bio-Ware, kundige Verkäufer. Im Innenhof ein lustiges Freiluftcafé mit Großmutters Kuchenrezepten, im Winter leuchtet der Kaminofen.

Leipziger Str. 39, Hinterhaus, Bockenheim, www.kaffeeroesterei-wissmueller.de, U 6/7 Bockenheimer Warte, Mo–Fr 9–18, Sa 10–16 Uhr

Regionale Spitze

Kaufhaus Hessen K 2

Hier bekommt man wirklich Originelles: von der Apfelzitrusmaske über die hessische Schafsmilchseife und das Pesto aus den sieben Kräutern der Grie Soß bis zu T-Shirts und Bembel. Und wenn es nicht für einen selbst ist, dann kann man's ja verschenken.

Berger Str. 288, Bornheim, T 069 36 60 19 17, U 4 Bornheim-Mitte, Mo–Fr 10–20, Sa 10–16 Uhr

Die Söhne des Bankiers

Das Bethmännchen B 4

Frankfurter schätzen Marzipan, Rosenwasser und Mandeln. Das Bethmännchen ist nun ein eigens für die Familie Moritz Bethmann im Jahr 1838 kreiiertes Konfekt, das mit seinen drei Mandelhälften auf der süßen Marzipankuppel die drei Söhne der berühmten Bankiersfamilie symbolisiert. Vorzugsweise wird es in der Weihnachtszeit gebacken (eher im Ofen getrocknet) und verschenkt, aber es gibt in Frankfurt ausgezeichnete Confiserien, die es fast das ganze Jahr über anbieten. Natürlich werden sie auch in Kaufhäusern verkauft, aber da es sich um haltbare Ware handelt, weiß man dann nie, wie lange dieses dort erstandene Bethmännchen schon durchgehalten hat.

Konditorei Eube, Leipziger Str. 32, Bockenheim, T 069 77 29 52, www.konditorei-eube.de, U Bockenheim, Mo–Fr 8.30–18.30, Sa 9–16 Uhr

MEHR ALS EIN KIOSK – DAS WASSERHÄUSCHEN

Wer kein Frankfurter ist, wird kaum verstehen, was ein Frankfurter in vielen anderen Städten vermisst: ein Wasserhäuschen, eine Trinkhalle, ein Büdchen. Dies ist ein Ort, in dem es im allerschlechtesten Fall nur Wasser und Getränke gibt, aber meistens ist es ein kleiner Laden mit Zeitungen und Zeitschriften, Tabak, Snacks, Süßigkeiten, Popcorn und Chips, manchmal auch mit Äpfeln, H-Milch und abgepacktem Vollkornbrot. Immer gehören eine alkoholische Großausstattung und publikumsfreundliche Öffnungszeiten von morgens bis spätabends dazu, auch am Wochenende. Hier kann jeder stehen und quatschen, über Politik, Fußball und die Welt. Und hier kann jeder für wenig Geld trinken, aber natürlich nicht zu viel, darauf wird geachtet.

Wasserhäuschen dienten ursprünglich der allgemeinen Gesundheit. Das Leitungswasser war früher oft zum Trinken nicht geeignet, da sollte preiswertes Mineralwasser angeboten werden. Dem Wasserhäuschen sind schon tausend Tode geweissagt worden, aber es bleibt unverwüstlich und ein heftig verteidigter Aspekt des Frankfurter Alltags. Trotzdem: Viele sind schon aus dem Stadtbild verschwunden. Früher hübsche, solide gebaute Pavillons, sind sie heute nicht mehr unbedingt die Perlen einer Straße, sondern kleine Baracken oder in Ladenzeilen eingebaute Bretterbuden.

Die **schönsten Wasserhäuschen:** an der Frauenfriedenskirche in der Franz-Rücker-Allee/Zeppelinallee (B 2), am Johanna-Tesch-Platz (M 2), am Campus Westend/Simón-Bolívar-Anlage (E 3), im Orange Beach/Gutleutviertel (südl. B 8, mit aufgeschüttetem Strand und Grillpartys, Rock-Matineen am So), an der Praunheimer Brücke/Nidda-Praunheim (westl. A 1); das am Franziusplatz/Ecke Schmickstraße am Osthafen (K 6) ist vermutlich Frankfurts ältestes noch bestehendes Wasserhäuschen, weil es gleichzeitig mit dem Osthafen 1912 gebaut wurde.

BEI NACHT
MIT BUS UND BAHN

Frankfurts Überschaubarkeit erweist sich als Vorteil bei der Erkundung des Nachtlebens – alle Orte sind sehr gut mit öffentlichen Verkehrsmitteln zu erreichen. Außerdem zirkuliert nach Dienstschluss der U- und S-Bahnen ein **Nachtbus,** der alle wichtigen Knotenpunkte in der Innenstadt ansteuert und mit den Außenbezirken verknüpft.
www.rmv.de, Stichwort »RMV-Liniennetzpläne«

Kosmopolitisch glücklich im Dorf

Wer hätte geahnt, dass sich ausgerechnet das Bahnhofsviertel zum Szene-Treffpunkt entwickeln würde, wo man bei diesem Quartier früher doch eher an Rotlichtmilieu und Hehlerbanden dachte? Doch hier eröffnen immer wieder neue Clubs – manchmal nur für eine Woche als Pop-up.
Wir hoffen, dass das alles so bleibt. Die Versuche der Stadtregierung, das Entree des Bahnhofsviertels, den Kaisersack, zum Salon Frankfurts umzumodeln, waren bislang nicht von Erfolg gekrönt. Sicher, die Alkoholiker und Drogenabhängigen, die hier leben, versorgen das glattgebügelte Bild des neuen Bahnhofsviertels mit ein paar Falten, aber irgendwie haben wir Frankfurter genug von Gentrifizierung, und sie gehören eben dazu.

In der **Innenstadt** liegen die Veranstaltungsorte dicht an dicht: Oper, Schauspiel, Alte Oper, English Theatre, Multiplex- und Programmkinos, Diskotheken und Clubs sowie Lokale und Bars, die unterschiedlichste Vorlieben bedienen.

Eine hohe Kneipendichte weisen im **Nordend** die untere Berger Straße und die Eckenheimer Landstraße zwischen den U-Bahn-Stationen Musterschule und Glauburgstraße auf. **Sachsenhausen** ist ein ganz eigener Kosmos. Abseits der traditionellen Apfelweinlokale (▸ S. 94) stößt man im Umkreis der Brückenstraße nicht nur auf die winzige Bar Oppenheimer (▸ S. 105).

Noch eine Treppe runter und hinein in den Jazzkeller

BARS UND KNEIPEN

Hausherr Julian Smith

Chinaski Karte 2, E 5

Es gibt in Frankfurt ein paar Namen, die mit ständig neuen Projekten das Nachtleben aufregend machen. Die lässigen Brüder Julian und Dennis Smith begannen als DJ's und besternen die Stadt mit ihren Ideen. Diese hier ist ungeheuer angesagt. Die total durchgestylte Club-Bar mit eigenem kleinen Gin Club kommt seit geraumer Zeit sehr gut an.

Bockenheimer Landstr. 1–3, Innenstadt, T 069 72 57 58, http://chinaski.me, U/S Taunusanlage, U Alte Oper, Di/Mi 18–1, Do 19–2, Fr/Sa 19–4 Uhr

Dauerbrenner

Bar Oppenheimer Karte 2, G 6

Es scheint sie schon ewig zu geben, und sie ist immer noch eine feine kleine Adresse. Zentrum ist die lange Theke; die ganze Bar im puristischen Look, mit Galerie, sehr nett.

Oppenheimer Str. 41, Sachsenhausen, T 069 62 66 74, www.bar-oppenheimer.de, U Schweizer Platz/Museumsufer, So–Do 20–2, Fr/Sa bis 3 Uhr, Cocktails um 8 €

Debattierclub

Club Voltaire Karte 2, E 5

Was die linken Eltern freut: Hier geht sogar der Nachwuchs hin! Legendärer 68er-Debattierclub, sehr nette typische Kneipe. Veranstaltungen, Lesungen und manchmal Disko.

Kleine Hochstr. 5, Innenstadt, T 069 21 99 93 11, www.club-voltaire.de, U Alte Oper, Mo–Sa 18–1 Uhr

Cool zu sein, bedarf es wenig

Plank Karte 2, E 6

Tagsüber Café, abends Club mit entspannter Musik. Ist das beste Beispiel dafür, dass es nicht viel braucht, um die coolste Bar zu werden. Ata Macias, der auch das ›Robert Johnson‹ in Offenbach betreibt und in der Szene einen wohlklingenden Namen hat, hat die Bar Plank vor einigen Jahren an der Ecke Mosel/Elbestraße aufgemacht, also nicht grade in der angesehensten Gegend. Abend für Abend steht man sich hier die Beine in den Bauch, einfach weil es so angenehm ist! Gin Drinks und gute Weinauswahl. Nachmittags hausgebackenen Kuchen.

Elbestr. 15, Bahnhofsviertel, www.barplank.de, U/S Hauptbahnhof, Mo–Do 11–1, Fr/Sa 11–2 Uhr

Bisschen wild

Bar Pracht Karte 2, D 6

Liegt an einer noch schummerigen Ecke und ist noch ein bisschen szeniger als das Plank, bietet sogar montags bis freitags einen Mittagstisch mit Hackklösschen etc. Abends bekommt man hier auch eine Kleinigkeit zu essen, aber es ist natürlich ein Club mit einem permanent wechselnden Programm und DJ's.

Niddastr. 54, Bahnhofsviertel, T 069 264 86 23, www.barpracht.de, U/S Hauptbahnhof, Mo 11.30–15, Di–Fr 11.30–15, 18–24, Sa 18–2 Uhr

Pricklig, lustig, schräg: Das Pik Dame ermöglicht einen anderen Blick aufs Bahnhofsviertel.

Frivol

Pik Dame Karte 2, E 6

Das Bahnhofsviertel ist natürlich auch das Viertel der Bordelle, und das Pik Dame lebt ein bisschen von dieser Frivolität. Es empfiehlt sich als Bar mit Programm, und einmal im Monat ist sonntags Cabaret-Time mit Zauberern, Livemusik und Travestie, das Ganze moderiert von der stattbekannten und in der Gay-Szene sehr engagierten Bäppi la Belle.

Elbestr. 29, Bahnhofsviertel, T 069 23 63 29, www.pik-sonntag.de, U/S Hauptbahnhof, ab 21 Uhr

Bahnhofsmission

Moseleck ✪ Karte 2, E 6

Eine der traditionellsten und liebenswertesten Kneipenim Bahnhofsviertel: Brauhauseinrichtung. Bier und Asbach uralt. Bitte mit offenem Herzen reingehen, sonst bringt das nix.

Moselstr. 21, Bahnhofsviertel, T 069 23 66 40, www.moseleck-ffm.de, U/S Hauptbahnhof, tgl. ab 6 Uhr

BARS MIT AUSSICHT

Blick auf Mainhattan

22nd Lounge & Bar ✪ Karte 2, E 5

Viele unserer Gäste kommen ja, um die Wolkenkratzerszene zu bewundern. Der Inbegriff städtischer Coolness ist diese Cocktail-Bar mit einem Wahnsinnsblick auf die Skyline.

Neue Mainzer Str. 66–68 (im 22. Stock des Eurotheums), Innenstadt, T 069 21 08 80, U Willy-Brandt-Platz, Mo–Sa 18–1 Uhr

Mit dem Paternoster in die Höhe

Fleming's Club ✪ Karte 2, F 4

Die Bar in Fleming's Deluxe Hotel (► S. 88) erreicht man über einen lustigen und stilechten Paternoster aus den 1950er-Jahren. Oben macht dann die tolle Aussicht die gesalzenen Preise von Restaurant und Weinbar vergessen!

Eschenheimer Tor 2, Innenstadt, T 069 427 23 20, www.flemings-hotels.com, U Eschenheimer Turm, Mo–So 6–23 Uhr

Rundumblick

Main Tower Restaurant

✪ Karte 2, E 5 (► S. 32)

Für diesen Fine Dining Place hoch über den Wolken sollte man unbedingt eine Reservierung in der Tasche haben, für einen Drink geht's auch ohne.

Neue Mainzer Str. 52–58, www.maintower-restaurant.de

Ausblick für alle

Long Island Summer Lounge

✪ Karte 2, F 5

Es ist vielleicht nicht jedermanns Sache, auf dem Dach eines Parkhauses seinen Drink zu nehmen, aber egal – im Angesicht der Skyline ist das wahrlich nicht der schlechteste Ort, auch wenn die Innenstadt im Sommer ganz schön aufheizen kann. Moderate Preise.

Parkhaus Börse, Kaiserhofstr. 12, Parkdeck 7, Innenstadt, www.longislandsummerlounge.de, U Alte Oper, Mo–Sa 16–1, So 14–1 Uhr

LIVEMUSIK

Weltmusik

Brotfabrik ✪ westl. A 3

Auf dem Gelände der stillgelegten Brotfabrik in Hausen kümmern sich die Veranstalter um Konzerte von Multikulti-Stars abseits des Mainstreams. Aufgetreten ist hier schon der barfüßige Kapverden-Star Cesaria Evora, und die Talentsucher finden immer wieder neue Namen. Dabei erfreulich unfestgelegt – von Soul, Hillbilly, Country bis zu Sitarklängen bleibt hier nichts ungehört. Die Fabrikhalle hat viel Atmosphäre. Jeden Mittwoch die unverwüstlichste Salsa-Disko Frankfurts, DJane Vira betreut die Disko plusminus50.

Bachmannstr. 2–4, Hausen, T 069 24 79 08 00, www.brotfabrik.info, U Nelkenstraße oder Fischstein, Mo–Sa je nach Veranstaltung

Singer-Songwriter

Das Bett ✪ westl. A 7

Liegt ein wenig abseits im Gallus, ist aber genau das Richtige für alle, die kleine, feine Singer-Songwriter-Konzerte und Indie-Rock in Clubatmosphäre lieben. In Frankfurt gibt's ja nicht viele kleine Säle, und dieser hier ist ein toller.

Schmidtstr. 12, Gallus, T 069 60 62 98 73, www.bett-club.de, S Galluswarte, Programm und Zeiten siehe Website

Frankfurter Institution

Jazzkeller ✪ Karte 2, E 5

Eigentlich ist das kaum zu glauben, aber diese Frankfurter Institution besteht seit 1952 und ist immer noch eine absolute Top-Adresse für Jazz. Frankfurt hat seinen Ruf, Jazzmetropole zu sein, den exquisiten Brüdern Albert und Emil Mangelsdorff aus dem Frankfurter

Stadtteil Praunheim zu verdanken. Sie waren und sind mit allen bekannt: Chet Baker, Louis Armstrong, Dizzy Gillespie, Wolfgang Dauner, Klaus Doldinger, Volker Kriegel. Und ihr Feuer hat sich weiter verbreitet, bis hinein in diesem tollen, vom Alter und dem Rauch ungezählter Zigaretten patinierten Gewölbe. Freitags gibt's die Latin-Funk-Disko, ebenfalls ein absoluter Dauerbrenner.

Kleine Bockenheimer Str. 18, Innenstadt, www.jazzkeller.com, U Alte Oper, Di–Sa bzw. je nach Auftritt und Gastspiel ab 21 Uhr

Tango

Academia de Tango y Tapas ✪ H 6

Fabiana Jama aus dem argentinischen Córdoba ist die Seele und das Herz der Frankfurter Tangoszene – liebenswert, quirlig, energisch – und hat diese praktisch im Alleingang aufgebaut. Zu ihrem Programm gehören Tango und Dinner, Tango- und Liveshows, Disko, Kurse. Jeden Samstag Tango-Disko. Im Bistrot gibt es Argentinisches: *empanadas* (gefüllte Teigtaschen), *torta pascualina* (Pastete mit Spinat und Eiern), Steaks.

Sonnemannstr. 3, Ostend, T 069 87 87 60 34, www.tangoytapasbar.de, S Ostendstraße, Mo–Sa ab 18.30 Uhr

Bühne hinter Blumen

FAB Frankfurt Art Bar ✪ südl. G 8

Auftrittsort in einem Schrebergartenlokal der Rossisten? Das ist FAB, ein kleiner Geheimtipp, auch weil es sein bisschen abgeschieden liegt. Hat trotz Bühne und allem eine Gartenlaubenatmosphäre bewahrt. Allround-Programm: Singer-Songwriter, Jazz, Blues, Jam Sessions, aber auch Theatergastspiele.

Ziegelhüttenweg 221, Sachsenhausen, T 069 63 30 79 38, www.frankfurtartbar.de, S Louisa, Di–Sa ab 17, So ab 12 Uhr

Legendär

Zoom ✪ Karte 2, F/G 5

Ganz wunderbar, dass es diesen legendären Club wieder gibt. Hier traten in den 1970ern schon Jeff Beck und Alexis Korner auf. Früher kamen viele GI's, heute kommen die Dandy Warhols und Jack Isaac. Der Club ist natürlich perfekt

Schwimmen geht anders, aber Skyline-Planschen nur in Frankfurt.

modernisiert! Breit gefächertes, aber mit Bedacht ausgewähltes Programm von Jazz, Hip-Hop, Elektro, Rock, Blues. Sa ab 23 Uhr Tanzparty.

Brönnerstr. 5–9, Innenstadt, T 069 69 71 30 05, www.zoomfrankfurt.com, U/S Hauptwache, Konstablerwache, Zeiten je nach Veranstaltung, siehe Website

Genauso legendär

Batschkapp ✪ östl. M 1

Noch so eine Legende aus den 1970ern. Batschkapp und die Kneipe ›Elfer‹ waren die Hochburgen der linken Szene, auf der Bühne Herman Brood, Nina Hagen, Nirvana, R.E.M, Die Toten Hosen, Anette Humpe, Matthias Beltz. Aus dem Linksradikalen Blasorchester kam Heiner Goebbels. Klaus Scheffler, der damals mit anderen das Programm verantwortete, macht es heute auch noch! Holt berühmte Namen, liebt lateinamerikanischen Ska Punk wie La Vuela Puerca aus Uruguay oder Panteón Rococo aus Mexiko und veranstaltet Newcomer-Wettbewerbe, Rudelsingen und Diskopartys.

Gwinnerstr. 5, Ostend, T 069 95 21 84 10, www.batschkapp.de, U Gwinner Straße

TANZEN

Spirit der 70er

Club Travolta Karte 2, F 5

An den Turntables stehen die Frankfurter Szenegrößen Dennis und Julian Smith, das verspricht spannende Abende mit Hip-Hop und R'n'B, Soul und Funk.

Brönnerstr. 17, Innenstadt, T 069 21 65 79 00, www.club-travolta.de, U/S Hauptwache, Di, Do–Sa 23–4 Uhr

Sehr angesagt

Gibson Karte 2, F 5

Die Nummer Sicher mit super Konzerten auf hohem Niveau, und stilistisch breit gefächert. Sa immer Disko mit bekannten DJ's, Fr Konzerte und Do gemischtes Programm, auch Lounge-Musik.

Zeil 85–93, Innenstadt, T 069 94 94 77 70, www.gibson-club.de, U/S Hauptwache, Do–Sa 23–5 Uhr

Technotempel

Tanzhaus West B 8

Das Milchsack-Gelände versteht sich als alternative Kulturinsel. Die Lagerhalle einer ehemaligen Farbenfabrik hat sich in ein total beliebtes Techno-House-Tanzhaus verwandelt.

Gutleutstr. 294, Gutleutviertel, T 069 20 01 33 76, www.tanzhaus-west.de, S Galluswarte, Fr/Sa, bei Konzerten auch Mi

KINO

Die **Cinestar-Kinos** sind Multiplexe im klassischen Sinn: Mainstream, Hollywood, Action, deutsche Komödien in beeindruckenden Sälen, dazu Popcorn, Nachos und Cola. In der Innenstadt ist das **Metropolis** im ehemaligen Volksbildungsheim zu nennen (► S. 65, F 4, Eschenheimer Anlage 40, T 95 50 64 01, www.cinestar.de, U Eschenheimer Turm). Zeigt auch Aufzeichnungen von großen Opernereignissen von Met bis Scala oder Live-Übertragungen von Pop- und Rock-Konzerten. Der zweite Komplex sind die **E Kinos** an der Hauptwache (Karte 2, F 5, Zeil 125, T 069 28 52 05), mit seinem Programmkino **Eldorado** in der Schäfergasse (www.cineplex.de/frankfurt).

Programmkinos

Filme abseits des Mainstream zeigen das **Berger Kino** (J 3, Berger Str. 177, Bornheim, T 069 45 64 05, http://berger-kino-frankfurt-am-main.kino-zeit.de), **Cinema** (Karte 2, F 5, Am Rossmarkt 7, Innenstadt, T 069 21 99 78 55), **Harmonie** (G 7, Dreieichstr. 54, Sachsenhausen, T 069 66 37 18 36, www.arthouse-kinos.de), **Mal Seh'n** (G 3, Adlerflychtstr. 6, Hinterhaus, Nordend, T 069 597 08 45, www.malsehnkino.de) und **Orfeos Erben** (B 5, Hamburger Allee 45, Bockenheim, T 069 70 76 91 00, www.orfeos.de, S Westbahnhof).

Wiederauferstehung des guten alten Varietés im Tigerpalast

THEATER UND BÜHNEN

Konzertpalast

Alte Oper Karte 2, E 5

Frankfurts schönstes und repräsentativstes Konzerthaus in einem Kunstpalast von 1880. Gastspielort der erlesensten klassischen und auch anspruchsvoller Popkünstler, wie David Byrne, Patti Smith oder Sting. Verfügt über eine sagenhafte Akustik.

Opernplatz 1, Innenstadt, T 069 134 00, www.alteoper.de, U Alte Oper/S Taunusanlage

Gastspiele und Poetry Slam

English Theatre Karte 2, E 6

Hat kein eigenes Ensemble, sondern bringt Produktionen des Broadway und des Londoner Westend nach Frankfurt.

Geheimtipp: der monatliche Poetry Slam, jeweils montags. Beeindruckende Bar.
Gallusanlage 7, Gallus, T 069 24 23 16 20, www.english-theatre.org, U/S Hauptbahnhof/ Willy-Brandt-Platz

Vielzüngig
Internationales Theater ✪ H 5
In einer Stadt mit so vielen ausländischen Mitbürgern ein Muss ist dieses sehr engagierte, kleine Theater mit rumänischen, argentinischen, israelischen, französischen, spanischen und russischen Programmen und Gastspielen.
Hanauer Landstr. 7, Ostend, T 069 499 09 80, www.internationales-theater.de, U Zoo

Surrealistische Opern
Kammeroper ✪ wechselnde Orte
Seit über zwei Jahrzehnten inszeniert Rainer Pudenz Opern lustvoll gegen den Strich. Im Sommer ein Muss: die Inszenierungen im Palmengarten.
Sternstr. 31 (Büro), T 069 55 61 89, www.kammeroper-frankfurt.de

Avantgarde pur
LAB ✪ westl. A 7
Spielstätte für zeitgenössische Produktionen, die gemeinsam vom Mousonturm, internationalen Tanzkompanien, Heiner Goebbels, dem Ensemble Modern u. a. genutzt wird.
Schmidtstr. 12, Gallus, www.frankfurt-lab.de, Tram Mönchhofstraße

Hessisch erster Güte
Michael Quasts Fliegende Volksbühne ✪ Karte 3, E 2
Theater auf hessisch gebabbelt, Molière- oder Ben-Johnson-Übersetzungen – intelligent, volkstümlich, scharf und nie tumb, in bester Tradition des Frankfurter Lokaldichters Friedrich Stoltze (► S. 79). Gastiert im Sommer in der Höchster Porzellan-Manufaktur.
www.fliegendevolksbuehne.de

Tanz Performance
Mousonturm ✪ H 4
Wichtigste Adresse Frankfurts für die freie internationale Theater-, Musiker-, Musik-, Tanz- und Performance-Szene in der ehemaligen Seifenfabrik von Mouson. Verfügt über zwei Bühnen und einen Ausstellungsraum.
Waldschmidtstr. 4, Ostend, T 069 40 58 95 20, www.mousonturm.de, U Merianplatz

Innovativ
Theater Willy Praml ✪ H/J 4
Mit Sicherheit einer der engagiertesten Theatermacher Frankfurts mit ganz außergewöhnlichen Inszenierungskonzepten. Die riesige stillgelegte Naxoshalle ist ein Hingucker für sich, ein Denkmal der Industriekultur.
In der Naxos-Kulturhalle, Waldschmidtstr. 22, Ostend, T 069 43 05 47 33, www.theater-willypraml.de, U Merianplatz.

Wieder Stadttheater
Schauspiel Frankfurt ✪ Karte 2, E 6
Acht Jahre lang hat Oliver Reese geackert, um das Schauspiel Frankfurt wieder zum Publikumsliebling zu machen. 2017 kam Anselm Weber als Schauspielchef, sicher keine schlechte Wahl! Der hatte davor in Bochum gewirkt.
Willy-Brandt-Platz, Innenstadt, telefonischer Vorverkauf unter T 069 21 24 94 94, www.schauspielfrankfurt.de, U Willy-Brandt-Platz

Interkulturell
Theaterperipherie ✪ B 3
Engagiert politisches, junges Theater, Schauspieler und Regisseure mit Migrationshintergrund, hoch gelobte Inszenierungen.
Im Titania, Basaltstr. 23, Bockenheim, T 069 71 91 30 21, www.theaterperipherie.de, U Leipziger Straße

Herausragendes Varieté
Tigerpalast ✪ Karte 2, G 5
Wenn es jemandem gelungen ist, das Varieté der 1920er-Jahre wieder in Deutschland zu verankern, dann ihm, dem Ex-Sponti Johnny Klinke. Die Tigerpalast-Revues aus Akrobatik, Chanson und Zauberei sind erstklassig, ein ganzer Berufsstand wurde gerettet. Das Restaurant steht dem in nichts nach. Unbedingt reservieren!
Heiligkreuzgasse 16–20, Innenstadt, T 069 920 20 20, www.tigerpalast.de, U/S Konstablerwache

Hin & weg

ANKUNFT

Mit dem Flugzeug: Vom Flughafen Terminal 1 verkehren die S 1 und S 8 in die Innenstadt: Haltestellen Hauptbahnhof, Hauptwache, Konstablerwache. Der Weg zum S-Bahnhof ist ausgeschildert. Wer am Terminal 2 ankommt, benutzt den Sky Train, um zum Terminal 1 zu gelangen. Die reine Fahrtzeit mit der S Bahn beträgt 14 Min. Das Ticket müssen Sie sich sich vor Reiseantritt am Automatenschalter besorgen (Tarifgebiet 5090). Alle S-Bahnlinien und viele Straßenbahnen halten am Hauptbahnhof, egal, in welche Richtung sie fahren, ebenso die U 4 und U 5.
Mit dem Auto: Aus Richtung Hamburg, Hannover, Kassel über die A 5 zum Frankfurter Kreuz. Aus Richtung Basel, Karlsruhe, Darmstadt über die A 67 und die A 5 zum Frankfurter Kreuz. Aus Richtung Köln und Richtung München, Würzburg über die A 3 zum Frankfurter Kreuz. Aus Richtung Saarbrücken über die A 6 und die A 5 zum Frankfurter Kreuz. Die Website **www.frankfurt.de** informiert über die Verkehrslage erhält sowie Baustellen und freie Parkplätze in allen städtischen Parkhäusern.

FRANKFURTER FESTE

www.frankfurt-online.de informiert über den Festkalender. Hier einige ausgewählte, die es nur in Frankfurt gibt:
Grüne-Soße-Festival: Das von der Musikkabarettistin Anton Le Goff ersonnene Festival (Anfang Mai) zieht immer weitere Kreise. Zu flüssig, zu grün, zu lasch? Die Kombattanten, meist Metzger, Profiköche etc., fügen die Bestandteile der Grünen Soße, die schon Goethes Mutter zusammengerührt haben soll, in eigenen Variationen zusammen: sieben Kräuter, Schmand, Quark, Mayonnaise, Zitronensaft. Das kostende Publikum entscheidet (www.gruene-sosse-festival.de).
Feste im Palmengarten: Zur Rosenblüte im Juni ist das **Rosen-und Lichterfest** ein Must für die Frankfurter. Ein ganzes Wochenende ist für die Königin der Blumen reserviert. Das Bezauberndste, was man am Samstagabend machen kann, ist, mit Picknickkorb auf die Wiesen des Palmengartens zu ziehen und am Rosen-und Lichterfest teilzunehmen. Tausende von Kerzen, zu Motiven und Symbolen gelegt, flackern in der hereinbrechenden Nacht, und am Schluss sprüht noch ein Feuerwerk in die Luft. **Winterlichter** (Jan./Febr.) nennt sich ein Programm aus Lichtinstallationen im Freien, an dem sich stets namhafte Künstler beteiligen.
Museumsfeste: Während bei der **Nacht der Museen** (April/Mai) auch etwas abgelegenere teilnehmen, wie das Geldmuseum oder die Museen in Offenbach, und sich allerhand einfallen lassen, um ihre Besucher zu unterhalten, wird beim **Museumsuferfest** (Ende Aug./Anfang Sept.) hauptsächlich gefeiert, gegessen, getrunken, getanzt. Draußen am Ufer, nicht in den Museen. Livebands spielen, Caipirinha fließt in Strömen, Kunstgewerbe gibt's zuhauf, die Oper verlost Eintrittskarten, das Städel verramscht Kataloge und Souvenirs, Drachenbootrennen, Museumsführungen dürfen nicht fehlen.
Wolkenkratzerfestival: Die öffentliche und kostenfreie Begutachtung der meist in Banken- der Versicherungsbesitz befindlichen Hochhäuser stößt auf große Resonanz, findet aber nur unregelmäßig statt (www.wolkenkratzer-festival.de).

INFORMATIONEN

Tourist-Informationen finden Sie am Flughafen, Terminal 1, Ankunft B, T 069 69 07 04 02, Mo–So 7–22.30 Uhr; Hauptbahnhof, Empfangshalle, Mo–Fr 8–21, Sa/So, Fei 9–18 Uhr; Römer (Nr. 27), T 069 21 23 88 00, Mo–Fr 9.30–17.30, Sa/So, Fei 9.30–16 Uhr.

INTERNET

www.frankfurt.de
www.frankturt-touristik.de
www.frankfurt-tourismus.de

REISEN MIT HANDICAP

Die Stadt und die Touristik und Congress GmbH haben ausführliche Reiseführer für Behinderte zusammengestellt, die man online herunterladen kann:
www.frankfurt-handicap.de
www.frankfurt-tourismus.de

SICHERHEIT UND NOTFÄLLE

Frankfurt steht hartnäckig in dem Ruf, ein besonders ergiebiges Klima für Kriminalität zu haben: Drogen, Prostitution, Schmuggel, Bandenkriminalität. Stimmt nicht, es passiert nicht mehr und nicht weniger als in anderen Großstädten. Seit Sicherheitsbeamte in den späten Abendstunden die Unterführungen von S- und U-Bahnen kontrollieren sowie die Züge begleiten, passiert auch hier sehr viel weniger – neuralgische Punkte bleiben die Außenbezirke, die von Touristen normalerweise nicht aufgesucht werden.

Wichtige Rufnummern
Notruf: 110 (Polizei), 112 (Notarzt, Feuerwehr), 21 24 40 44 (Sicherheitstelefon), 70 94 94 (Frauen-Notruf), 192 92 und 116 117 (Ärztlicher Bereitschaftsdienst)
Sperrung von EC- und Kreditkarten bei Verlust/Diebstahl: T 116 116

STADTMAGAZINE

Journal Frankfurt: wichtigstes Szene-Magazin der Stadt, Informationen zu Kino, Theater, Ballett, Konzerten, Tipps, Veranstaltungskalender, häufig auch überraschende Hintergrundreportagen und Porträts (www.journal-frankfurt.de)

Prinz Frankfurt: nicht so populär wie das Journal, aber auch sehr zuverlässig in Frankfurt und Umgebung unterwegs; versteht sich weniger als Reportagenmagazin (www.frankfurt.prinz.de)

SOMMEREVENTS

Theater geschlossen, Straßen verwaist? Mitnichten. Kulturell wird man im Frankfurter Sommer nicht verhungern! Ganz in der Nähe der Europäischen Zentralbank schlägt an der Weseler Werft das **Straßentheater Antagon** seine Sommerzelte auf und verwandelt das Mainufer in eine Bühne des fahrenden Volkes. Jeden Abend ganze drei Wochen lang sorgt es für ein aufregendes – kostenloses – Programm mit Filmen, Kinderlesezelt, vielen Singer-Songwriter-Auftritten und eigenen spektakulären Vorstellungen (www.antagon.de, www.sommerwerft.de). Dazu gibt es Gastronomie und einen Flohmarkt. Viele bringen sich Kerzen und eine Flasche Wein mit und setzen sich einfach dazu.
Im Günthersburgpark mischt **Offen Luft** von Michi Herl, der das Stalburgtheater im Nordend (► S. 64) betreibt, die Abende auf mit einer Mischung aus Lesungen, Theater, Singer-Songwriter, Performances, Musiktheater, Kindertheater – alles kostenfrei. Spenden sind hier – wie auch beim Antagon oben – gern gesehen und gut investiert.
Die **Dramatische Bühne** schlägt ihre Freilichtbühne im Sommer im Grüneburgpark auf (► S. 84), im Palmengarten verzaubert die **Kammeroper** (► S. 109) in der Konzertmuschel mit oft skurrilen Opernabenden. Die Konzertmuschel im Palmengarten ist auch Bühne für tolle **Popfestivals. Barock am Main** (www.barock-am-main.com) ist im Gebäude der Höchster Porzellan Manufaktur zu Gast.

Strandgut: kostenloses Infomagazin mit ausführlichem Veranstaltungskalender und allen Filmtipps, Theater- und Filmrezensionen; liegt in Buchhandlungen, Szenekinos und Szenekneipen aus (www.strandgut.de)
Frizz: Das kostenlose Hochglanz-Kulturmagazin kommt ein bisschen wie eine Werbebroschüre daher, aber man gewinnt viele interessante Infos (www.frizz-online.de)

STADTFÜHRUNGEN

MainArchitektouren: Wer nach Frankfurt kommt, interessiert sich meist für Architektur. Das Büro Voigtländer bietet zu diesem Thema ausgewählte Führungen mit hochinteressanten Schwerpunkten an: »Das Neue Frankfurt«, »Altstadt«, »Neue Wolkenkratzer« etc. (www.voigtlaender-architekten.de).
Kultours: Der beliebte und versierte Gästeführer Christian Setzepfandt führt auf lässige, gleichzeitig amüsante und sehr informierte Weise durch Frankfurt. Breites Spektrum von kulinarischen und literarischen Führungen bis zur Architektur. Arbeitet auch für die Großveranstalter Frankfurter Stadtevents (www.kultours-frankfurt.de).
Gesellschaft für Frankfurter Geschichte: Wer sich mit den Symbolen der Frankfurter Stadtgeschichte auseinandersetzen will, ist mit dieser Adresse sehr gut bedient. Björn Wissenbach arbeitet auch für die Frankfurter Stadtevents und ist Buchautor (www.geschichte-frankfurt.de).
KunstKontakt: bietet kunstgeschichtlich ausgefeilte Führungen, aber auch Werkstattgespräche mit Künstlern und Schriftstellern, Verlags- und Museumsführungen. Und eine Fahrt in der Straßenbahnlinie 11 quer durch Frankfurt mit diversen Stopps (www.kunstkontakt-frankfurt.de).
kulturothek: Sich Zitate von berühmten Frankfurter Dichtern wie Clemens Brentano vorlesen lassen und dabei einen Drink genießen? Das ist einer der vielen Programmpunkte der alteingesessenen Kulturothek (www.kulturothek-frankfurt.de).
Hop-on-hop-off-Busse hat Frankfurt natürlich auch zu bieten (www.stadtrundfahrten-frankfurt.de).

UMWELTFREUNDLICH UNTERWEGS

Eine Zusammenstellung von allen U-und S-Bahnen und Bussen sowie Straßenbahnen im Rhein-Main-Verkehrsverbund, dazu Fahrpläne, Haltestellen, und eine Verbindungssuchmaschine findet man auf der **Internetseite der Verkehrsbetriebe: www.rmv.de.** Die Verkehrsinsel an der Hauptwache hält alle Infos rund um das Thema Mobilität bereit (T 018 05 06 99 60, www.traffiq.de, Mo–Fr 9–20, Sa 9.30–18 Uhr).
Bus und Bahn: Der Rhein-Main-Verkehrsverbund betreibt fast alle S- und U-Bahn- sowie Straßenbahn- und Buslinien (bis auf ein paar private). Die S-Bahnen durchqueren fix die Stadt mit Haltestellen an den wichtigsten zentralen Knotenpunkten und reichen in die Außenbezirke bis hin nach Darmstadt, in den Taunus (Kronberg, Bad Homburg, Bad Soden) sowie nach Wiesbaden, Mainz und Friedberg. Die U-Bahnen konzentrieren sich auf den Stadtbezirk, erreichen aber auch z. B. Oberursel. Ebenfalls einen weiten Radius decken die Buslinien ab, die Straßenbahnen sind hauptsächlich im Stadtgebiet unterwegs.
Die Verbundzone ist in Tarifgebiete eingeteilt, der preiswerteste normale **Fahrschein** kostet 2,90 €. Sämtliche Infos zu Preisen sowie Fahrpläne und Streckenkarten findet man auf der Website des rmv (www.rmv.de).
Mit der **Frankfurt Card,** die für einen Tag oder zwei Tage (10,50/15,50 €) und für Gruppen bis zu 5 Pers. (20/30 €) erhältlich ist, können Sie alle öffentlichen Nahverkehrsmittel innerhalb Frankfurts Stadtgrenzen inklusive Flughafen benutzen. Zudem gewährt sie Ermäßigungen in Museen, Zoo, Palmengarten und bei Schiffsfahrten. Diese Karte bekommen Sie in den Touristeninformationen im

ERSTAUNLICHER FRAPORT

Lust, sich den Arbeitsplatz von 81 000 Beschäftigten anzuschauen, hat vermutlich niemand, aber wenn es sich dabei um den **Flughafen Frankfurt** handelt, steht das auf einem ganz anderen Blatt. Deutschlands größter Arbeitgeber verströmt den Glamour der großen weiten Welt, den Wissensschatz der Luftfahrttechnik; und ein ganz klein wenig Nervenkitzel ist auch dabei, denn mal ehrlich: Wer steigt schon mit Liebe und gelassen ins Flugzeug?
Mehr darüber erfahren lässt sich bei den Führungen – Busfahrten auf dem Vorfeld –, die FRAPORT anbietet. Zunächst geht's auf die Besucherterrasse, und es ist schon toll, die zahlreichen Flugbewegungen mitzubekommen, die Abfertigungen, die minutiös ablaufenden Prozesse des Be- und Entladens.
Der Lärm ist allerdings ebenso unvergleichlich, was viele Frankfurter montäglich zu Demonstrationen gegen die Belastungen durch den Fluglärm treibt. Dieses Themas nimmt sich der Gästebegleiter sofort an – 30 % Lärmersparnis ließe sich durch neue Flugzeugmodelle erreichen, ebenso durch die Benutzung alternativer Routen – und dann geht's los mit einer Unzahl überraschendster Fakten:
Auf dem Flughafen arbeiten mehr Tierärzte als andere Ärzte, denn Nashörner und Krokodile gehören zu den üblichen Passagieren, und es fliegen oft auch Pferdeflüsterer mit ihrer Klientel gemeinsam; acht Fluglotsen müssen zehn Flugzeuge gleichzeitig überwachen, dürfen nur zwei Stunden am Stück arbeiten (von 1000 Bewerbern schaffen nur drei den Test); bei Schneefall stehen 17 Fahrzeuge gleichzeitig im Einsatz und, und, und …

www.rundfahrten.frankfurt-airport.de, www.besucherterrasse.frankfurt-airport.de

Hauptbahnhof und im Römer. Außerdem ist in Museen das **MuseumsuferTicket** erhältlich. Es ist zwei Tage lang in 34 Museen gültig.
Taxis: Am Hauptbahnhof und am Flughafen warten die meisten Taxis. Weitere Standplätze: Hauptwache, Konstablerwache, Paulsplatz, Opernturm, Willy-Brandt-Platz, Affentorplatz, Dreieichstraße. Die Taxirufnummern lauten u. a. T 069 23 00 33, 23 00 01, 24 24 60 24, 55 88 00.
Schiffe: Die Primuslinie bietet Main-Rundfahrten an. Eine komplette Tour von der Anlegestelle am Mainkai führt zur Gerbermühle und in die andere Richtung nach Griesheim. Sie dauert ca. 100 Min. Beide Abschnitte sind auch einzeln buchbar (www.primus-linie.de, April–Okt. tgl. 11–17 Uhr, stdl.).

O-Ton Frankfurt

wie bei Hemmbels unnerm Sofa

So sieht's aus, wenn's wo ziemlich unordentlich ist.

Mooomendemaa!

Halt, stopp!

DERRABBEL

Dörrapfel
Dünner Mensch

lewwe un lewwe lasse

Leben und leben lassen
Frankurter Wahlspruch

Des krieje mer heit nemmer gebacke

Das bekommen wir heute nicht mehr fertig.

LOHRBERSCHER SCHITTELFROST

Wein aus dem städtischen Weingut Lohrberg

EI GUUDE WIIE?

Guten Tag, wie geht's?

Pariser Schuh und Frankforrder Fiieß

Pariser Schuhe und Frankfurter Füße
(passen nicht zusammen)

Ningedubbter

bezeichnet jemanden, der nach Frankfurt gezogen ist

beleidischd Lebberworschd

beleidigte Leberwurst

Gell, du hast mich gelle gern? Gelle, ich dich aach.

Nicht wahr, du hast mich gern? Ich dich auch!

22nd Lounge & Bar 106
25hours Hotel by Levi's 38, 88
25hours Hotel The Goldman 88

A
Academia de Tango y Tapas 107
Adorno, Theodor W. 41, 53, 91, 120
Affentor 56
Affentor (Shop) 27
Alims Fischimbiss 95
Alte Nikolaikirche 10, 22
Alte Oper 11, 108
Alter Friedhof 57
Alter Jüdischer Friedhof 42
Altes Rathaus 23
Alt-Sachs 56
Altstadt 24
Ankunft 110
Antikmärkte 100
Apfelwein 55, 94
Apfelweinlokale 94
Archäologischer Park 10
Archäologisches Museum 78
Arche Nova 93
Ardinast, David und James 38, 56, 88
Arnim, Bettine von 120
Aroma-Kiosk 96
Artemis-Haus 61
Aschenputtel 100
Atelier des Tartes 57
Ateliergemeinschaft basis 36, 80
Atelier Wilma 97
Atschel 94
Attila 120
Ausgehen 104

B
Bahn 112
Bahnhofsviertel 10, 35, 98
Bankenviertel 10
Barock am Main 111
Bar Pracht 105
Bars mit Aussicht 106
Bars und Kneipen 105
Batschkapp 107
Bauer, Fritz 83
Becker, Justus 62
Behinderte 111
Behrens, Peter 77
Berger Straße 65, 66, 98
Bethmännchen 103
Bibelhaus 78
Blumen 95
Bockenheim 5
Bockenheimer Warte 11
Bornheim 5, 65
Borofsky, Jonathan 33
Bounour's Salon du Thé et Patisserie Oriental 76
Braubachstraße 25
Brauneis 99
Braustil 65
Brentanobad 84
Brickegickel 55
Bristol 87
Brotfabrik 106
Brot und Rosen 101
Brückenstraße 11, 56, 98
Bücherverbrennung 21
Bürgergarten 65
Bürstenhaus 101
Bus 112

C
Café Iimori 25, 91
Café Kante 92
Café Karin 91
Café Laumer 91
Café Metropol 27, 91
Café Mozart 91
Café Siesmayer 92
Café Simit 92
Café Wacker 65, 92
Cafuchico 91
Campus Westend 11, 81
Caricatura-Museum 45
Centro Gallego 95
Chairs 95
Charlotte am Main 57
Chez Ima 38, 88
Chimichurri 93
Chinaski 105
Chinesischer Garten 85
Christof, Michael 48
Çiğköftem 93
Clarion Collection 88
Club Ponyhof 55
Club Travolta 108
Club Voltaire 105
Cocoon Club 59
COMA 80
Commerzbank 34
Confiserie Eube 103
Coop Himmelb(l)au 59

D
Danziger Platz 59
Das Bett 106
Der kleine Mann mit dem Blitz 56
Design-Parcours 76
Deutsche Bank 33
Deutsche Nationalbibliothek 9
Deutsches Architekturmuseum 50, 80
Deutsches Filmmuseum 48
DialogMuseum 61
Domstraße 25
Dramatische Bühne 84, 111
DZ Bank 34

E
Eat and Art 96
Einkaufen 98
Eintracht Frankfurt Museum 79
Eintracht-Gaststätte 94
Eintracht-Shop 101
Eiserner Steg 4, 45
Elsässer, Martin 59, 69
Engel, Jürgen 34
English Theatre 6, 108
Erno's Bistro 93
Escatira 100
Eschenheimer Turm 65
Europäische Zentralbank (EZB) 6, 11, 59
Europa-Turm 9
Eurotheum 33
Eurotower 34

F
FAB Frankfurt Art Bar 107
Fahrgasse 6, 98

Familie Montez 37, 45
Fechenheimer Ufer 84
Feine Emma 64
Feste 110
Fichtekränzi 94
Fischerplätzchen 45
Fisch Franke 95
Five Elements 87
Fleming's Club 106
Fleming's Deluxe Hotel 88
Flohmärkte 5, 6, 100
Food Truck Friday 90
Foster, Norman 34
Frank, Anne 40, 42, 120
Frankfurt Card 112
Frankfurter Buchmesse 9
Frankfurter Hof 88
Frankfurter Küche 82
Frankfurter Künstlerclub 84
Frankfurter Schule 41
Frankfurter Senfgalerie 102
Frankfurter Unionsbrauerei 62
Frankfurter Würstchen 120
Frankfurt Hostel 87
Frank Harling 57
FRAPORT 113
Frau Rauscher von der Klappergass' 56
Freitagsküche 97
Fressgass 98
Freud 57, 99
Friedberger Platz 66
Friedenspreis des Deutschen Buchhandels 9, 23
Friedensvogelsmosaik 22
Fukas, Massimilano 34

G

Galerie Kaiser P 36
Gallileo Art Tower 34, 39
Gallus 6
Gartenstädte 4, 6
Gasthaus Zum Bären 77
Gedenkstätte Börneplatz 42
Gedenkstätte Philipp Holzmann-Damm 60
Geldmuseum 79
Gemini-Haus 61
Gerbermühle 4, 83
Gerbermühle (Hotel) 88
Gerechtigkeitsbrunnen 21
Gernhardt, Robert 45, 71, 72
Gesellschaftshaus 69
Getto 41
Gibson 108
Glauburgstraße 66
Goethehaus 83
Goethe, Johann Wolfgang von 55, 70, 77, 83, 84
Goethemuseum 5
Goethepreis 23
Goetheruh 72, 83
Goethe-Spaziergang 83
Goethestraße 4
Goetheturm 72, 83
Goyagoya 57
Grand Tower 38
Gref-Völsing's 61, 102
Greyffenklau'sches Haus 75
Größenwahn 94
Großmarkthalle 60
Groß, Michael 8
Grüneburgpark 11, 84
Grüne Soße 8, 93, 94, 110
Grüne-Soße-Festival 110
GrünGürtel 71
Grzimek, Bernhard 62
Günthersburgpark 85
Gutleutgemeinde 37

H

Hafez 38
»Hammering Man« 33
Hammermuseum 38
Hanauer Landstraße 11
Hauptbahnhof 34, 37
Haus der Jugend 87
Häuserkampf 68
Haus Wertheym 23
Hayashi 99
Heil, Richard 34
Heimat 96
Henninger Turm 31
Herl, Michi 66, 85, 111
Hessischer Rundfunk 22, 32
Hindemith-Anlage 65
Hindemith, Paul 56
Historisches Museum 10, 22, 45
Höchst 74
Höchster Porzellanmanufaktur 102
Holbein's 53
Hollein, Hans 27
Hollein, Max 52
Holzhausenpark 65
Home abroad 80
Hop-on-hop-off-Bus 112
Horkheimer, Max 41, 91
Hotel am Berg 87
Hotel am Zoo 87
Hotel National 87
Hotel Nizza 89
Hotel Oriental 38
Hotels 86

I

Ichwareindirndl 57
IG-Farben-Haus 81
Ignatz-Bubis-Kulturzentrum 43
Ikarus 61, 100
Ikonenmuseum 47
Innenstadt 104
Internationales Theater 109

J

Jahrhunderthalle 75, 90, 102
Jazzkeller 106
Jones, Steffi 120
Juden 40
Jüdischer Friedhof 42
Junior-Haus 5, 32

K

Kaffeerösterei Wissmüller 102
Kai Middendorff Galerie 36
Kaiserdom 6, 10, 26, 98
Kaiserpassage 36
Kaiserstraße 37
Kammeroper 109, 111
Kampffmeyer, Walter 32

Kanonesteppel 94
Karlsruher Straße 38
Katharinenkirche 84
Kaufhaus Hessen 103
Kaufhaus M. Schneider 37
Kilius, Marika 120
Kino 108
Klappergasse 56
Kleine Hölle 56
Kleinmarkthalle 28
Klinke, Johnny 68, 109
Konstablerwache 102
Kracauer, Siegfried 41
Kramer, Ferdinand 48
Kronberger Haus 75
Kuhhirtenturm 56
Kunsthandel Leichter 100
Kunstverein 10, 25

L
LAB 109
Lafleur 70
Landmann, Ludwig 81
Le Goff, Anton 110
Lencoryt-Spinnerei 60
Leonhard's 90
Leonhardskirche 46
Lesecafé 93
Libertine Lindenberg 56, 89
Licht- und Luftbad Niederrad 84
Liebieghaus 50
Lili Maras 99
Lindenberg's 89
Lindleystraße 5, 6, 62, 102
Literaturhaus 45
Livemusik 106
Löffelholz, Ruth 99
Long Island Summer Lounge 106
Lucille 64
Luftschifffahrtsmuseum Zeppelinheim 78
Luftschutzbunker 42
Luminale 80

M
Mäckler, Christoph 33, 45
Main Plaza 55
Main-Tor 34
Main Tower 32
Main Tower Restaurant 106
Mal Seh'n 66
Mannheimer Straße 38
Marché de Nuit 102
Maxie Eisen 38, 96
May, Ernst 82
Meier, Richard 48
Meral, Ramiz 50
Messeturm 33
Messmer-Haus 61
Michael Quasts Fliegende Volksbühne 109
Mikuni 95
MokkaTeeria 5, 92
Moseleck 106
Mousonturm 109
Münchener Straße 5
Museum für Angewandte Kunst 48
Museum für Kommunikation 50
Museum für Moderne Kunst 4, 10, 27, 34
Museum Giersch 78
Museum Judengasse 41
Museumsfeste 110
Museumsufer 10, 47, 102
Museumsuferfest 110
MuseumsuferTicket 113
MyZeil 34

N
Nachtbus 104
Nacht der Museen 110
Nebbiensches Gartenhaus 66, 84
Neuer Porzellanhof 75, 101
Nibelungenschänke 95
Nizza 10, 46
Noord 100
Nordend 11, 63, 98, 104
Nordweststadt 82
Notfälle 111

O
Oeder Weg 65, 98
Offen Luft 111
Oktogonbrunnen 68
Ookoko 100
Opel, Adam 120
Opernturm 33
Oppenheimer 105
Orange Peel 38
Organicc 66
Ostbahnhof 59
Ostend 6, 11, 58
Osthafen 44
Ostpark 62, 85
Ostzeil 6, 10, 21
Oxfam 100

P
Palmengarten 11, 68, 84, 110
Pappenheim, Bertha 59
Paulskirche 10, 23
Peggy Sue 100
Peter-Behrens-Bau 77
Pfaffenwiese 102
Pik Dame 105
Plank 105
Poelzig-Bau Campus Westend 81
Poelzig, Hans 81
Ponyhof 55
Portikus 45
Proletariat Schreiber-Heyne 94
Pure 88

Q
Quartier Deutschherrnufer 54

R
Realwirtschaft Oosten 61
Reis, Philipp 65
Rententurm 45
Restaurants 90
Romanfabrik 62
Römer 10, 21
Römerberg 20
Rooftop Bars 90, 106
Rosengarten 68
Rosen-und Lichterfest 110
Rothenberger, Steen 56
Rothschild, Amschel Mayer 7, 40

Ruth Löffelholz 99

S
Saalhof 22
Sachsenhausen 5, 11, 54, 98, 104
Sachsenhäuser Ufer 83
Safran und Sauerkraut 57
Sagmeister, Stefan 48
Salvatore 45
Samt und Sonders 101
Schauspiel Frankfurt 109
Schiffe 113
Schirncafé by Badias 26
Schirn Kunsthalle 10, 25, 80
Schreiber, Ilse 29
Schublach, Jan 48
Schütte-Lihotzky, Margarete 82
Schwedlersee 62
Schweizer Straße 11, 98
Senckenberg, Johann Christian 70
Senckenberg Museum 11, 70, 80
Sen, Oguz 62
Seven Swans 97
SG Eintracht Frankfurt 4, 79, 94, 101, 120
Showmanship 56
Sicherheit 111
Siedlung Römerstadt 81
Siesmayer, Heinrich 68
Silvertower 34
Skyline 31
Skyline Plaza 98
Skyper 34
Sommerevents 111
Speer, Albert 33
Städel, Johann Friedrich 51
Städel-Museum 51
Stadtführungen 112
Stadtmagazine 111
Stadt- und Industriemuseum Rüsselsheim 79
Stalburg 66
Stalburgtheater 66, 85
Stanley Diamond 38
Steinernes Haus 25, 56
›Stilblüten‹ 56
Stoltze, Friedrich 79, 109
Stoltze-Museum 79
Strandcafé 64
Straßentheater Antagon 111
Struwwelpeter-Museum 70, 79, 80
Subantarktis-Haus 68
Synagogen 68

T
Tanzhaus West 108
Tatzelwurm 64
Taunusturm 34
Taxis 113
Theaterperipherie 109
Theater und Bühnen 108
Theater Willy Praml 109
Tigerpalast 109
Töngesgasse 98
Transnormal 39
Trapezio Fiorentino 55
Traxler, Hans 45, 83
Trianon 33
Trinca 49
Tropicarium 68

V
VaiVai 96
Väth, Sven 59
Verkehrsmittel 112
Villa Florentina 88
Villa Orange 89
Vogelsbergstraße 66
Volksbildungsheim 65

W
Waechter, F. K. 45, 72, 73
Wall 66
Wallstraße 57
Wasserhäuschen 103
Welle 33
Weltkulturen Museum 48
Wendelsweg 83
Weserstraße 38
Westend 11, 67
Westhafen Tower 46
Wicker Frosch 7
Wiesenlust 93
Willemer-Häuschen 83
Winterlichter 110
WINX Tower 34
Wolfgang von Dalberg 76
Wolkenkratzerfestival 110

Z
Zeil 98
Zimmer, Hans 120
Zinn, August 83
Zoologischer Garten 62
Zoom 107
Zu den drei Steubern 55
Zum Gemalten Haus 94

Das Klima im Blick

Reisen bereichert und verbindet Menschen und Kulturen. Wer reist, erzeugt auch CO_2. Der Flugverkehr trägt mit bis zu 10 % zur globalen Erwärmung bei. Wer das Klima schützen will, sollte sich – wenn möglich – für eine schonendere Reiseform entscheiden oder die Projekte von atmosfair unterstützen. Flugpassagiere spenden einen kilometerabhängigen Beitrag für die von ihnen verursachten Emissionen und finanzieren damit Projekte in Entwicklungsländern, die dort den Ausstoß von Klimagasen verringern helfen (www.atmosfair.de). Auch die Mitarbeiter des DuMont Reiseverlags fliegen mit atmosfair!

Abbildungsnachweis

25hours Hotel the Goldman, Frankfurt a. M.: S. 89 (Lemke)
akg-images, Berlin: S. 77 (Hilbich)
DuMont Bildarchiv, Ostfildern: S. 28, 42 (Bernhart); 71 (Tourismus+Congress GmbH Frankfurt)
Fotolia, New York (USA): Umschlagklappe hinten (CPN); S. 26 (helmutvogler)
Getty Images, München: S. 87, 92 (Leue); 8/9 (Nguyen/EyeEm); 14/15 (Preetz); 120/5 (Scheuber); 16/17 (Villalobos)
Huber-Images, Garmisch-Partenkirchen: S. 48 (Gräfenhain); 7 (Schmid)
iStock.com, Calgary (Kanada): S. 120/9 (kontrast-fotodesign/Wittelsbach); 113 (Meinzahn); 23 (querbeet)
laif, Köln: S. 102 (Kirchgessner); 120/6 (Los Angeles Times/Polaris/Clendenin); 36 (Redux/NYT/Kilb); 54 (robertharding/Copson); 35, 82, 94, 105 (Schwelle); 56, 99, 101, 104 (Wegner)
Look, München: S. 86 (Leue); 69 (Schoenen); 97 (Travel Collection)
Mauritius Images, Mittenwald: S. 120/1 (Alamy/ bilwissedition Ltd. & Co. KG); 90 (Alamy/Chapman); 120/3 (Alamy/Fearn); 120/2 (dieKleinert/Ludwig); 37 (image-BROKER /Zegers); 31 (Loop Images/Novelli); 51 (Travel Collection/Bossemeyer); 120/4 (United Archives); 67 (Westend61/Dieterich); Umschlagklappe vorn, 29 (Westend61/Heinemann); 98 (Westend61/Moxter); 63, 107 (Wittelsbach)
picture-alliance, Frankfurt a. M.: S. 120/8 (AP Photo/Probst); 30 (Arco Images GmbH/ Schoening); 58 (Brandl); 12/13, 24, 85 (dpa/Arnold); 44, 74, 108 (dpa/Dedert); 70 (dpa/Kegler); 62, 78/79 (dpa/Rössler); 47, 75, 80 (dpa/Rumpenhorst); 40 (dpa/ Schmidt); 4 u. (dpa/Stache); 120/7 (Simon/Ossowski)
Schapowalow, Hamburg: Titelbild, Faltplan (Bias); S. 20 (SIME/Rellini)
Shutterstock, New York (USA): S. 4 o. (RossHelen)
Sebastian Trandafir, Offenbach, www.skyline-panorama.de: S. 32/33
Wikimedia: S. 55 (Roland Meinecke/Mylius)
Zeichnungen S. 2, 27, 34, 57, 59, 66 : Gerald Konopik, Fürstenfeldbruck
Zeichnung S. 5: Antonia Selzer, Stuttgart
Kartografie: DuMont Reisekartografie, Fürstenfeldbruck

Umschlagfotos

Titelbild: Wolkenreflextion in einem Hochhaus in der Frankfurter Innenstadt
Umschlagklappe hinten: Entspannung am Mainufer

Hinweis: Autorin und Verlag haben alle Informationen mit größtmöglicher Sorgfalt geprüft. Gleichwohl sind Fehler nicht vollständig auszuschließen. Alle Angaben erfolgen ohne Gewähr. Bitte schreiben Sie uns! Über Ihre Rückmeldung zum Buch und Verbesserungsvorschläge freuen sich Autorin und Verlag:
DuMont Reiseverlag, Postfach 3151, 73751 Ostfildern,
info@dumontreise.de, www.dumontreise.de

1. Auflage 2018

Autor: Susanne Asal
Redaktion/Lektorat: Sebastian Schaffmeister
Bildredaktion: Stefan L. Scholtz
Grafisches Konzept: Eggers+Diaper, Potsdam
Printed in China

Kennen Sie die?

Bettina von Arnim

Symbolfigur der Romantik? Sozialistische Feministin? Auf alle Fälle war Bettina von Arnim Verfechterin eines ungebundenen, aufrührerischen, der Phantasie und Kunst zugewandten Lebens.

Theodor W. Adorno

Egal, wo: Ohne die »Minima Moralia« des Mit-Begründers der ›Frankfurter Schule‹ gelesen zu haben, brauchte man in den 1968er-Studentenkreisen erst gar nicht aufzutauchen.

Adam Opel

Von wegen nur Autos: ein glühender Verfechter des Fahrrades und der größte Fahrradhersteller Deutschlands! Und Nähmaschinen ließ er sprichwörtlich am Fließband produzieren.

Anne Frank

Die berühmteste Frankfurterin aller Zeiten verbrachte ihre ersten Lebensjahre in der Stadt. Seit 2017 wird sie am 12. Juni, ihrem Geburtstag, mit einem programmgefüllten Ehrentag gefeiert.

Steffi Jones

Im Stadtteil Bonames geboren zu sein, ist üblicherweise kein Garant für eine aufsehenerregende Karriere, wie sie unsere fundamental sympathische Frauenfußball-Bundestrainerin hingelegt hat.

Hans Zimmer

Ohne seine absolut mitreißenden Kompositionen würde Captain Jack Sparrow nur halb so toll durch die Karibik torkeln. Die Alben mit Zimmers Soundtracks verkauften sich mehr als 19 Millionen Mal.

Marika Kilius

Unsere ewige Eisprinzessin, die ihre Prominenz wohltuend unaufgeregt einsetzt und 2011 mit ihrem Eislaufpartner Hans-Jürgen Bäumler in die Hall of Fame des deutschen Sports aufgenommen wurde.

Attila

Es ist immer ein besonders feierlicher Moment, wenn der flügelschlagende Eintracht-Adler zu Spielbeginn ins Stadion getragen wird. Attila lebt für den Sieg, ganz klar.

Das Würstchen

Nicht kochen, sonst platzt es! Das wurstgewordene Frankfurt aus reinem Schweinefleisch ist leicht gekrümmt, nur paarweise zu haben und genießt die Gesellschaft von Senf oder Kartoffelsalat.